考える、
生きるために、
考える。

養老孟司

リベラル文庫

※本書は2004年に中央公論新社より発刊した『あなたの脳にはクセがある―「都市主義」の限界』を改題し、再編集したものです。データ・所属、肩書などは掲載当時の内容をそのまま掲載しております。

目次

第1章 「考えているかどうか」を考える

第2章　「少子化」について考える

第3章　「老化」について考える

第4章　「都市と田舎」について考える

第5章　「歴史」について考える

日本人の起源

第6章 「現代の医学」について考える

第7章

「倫理」について考える

第9章 「政治」について考える

第10章 「言葉」について考える

第1章

「考えているかどうか」を考える

考えない人間が増えている

教育の現場で「考えさせない」という問題点

日本人は他人と同じであることに安心感を覚え、そうありたいと願う。その反作用というべきか、独自の発想法や企画力、創造力などへの関心が強いようだ。そこで必ず出てくるのが、左脳型人間、右脳型人間の違いという類の話である。

ご承知のように大雑把な分類だが、一般的に左脳は理論的なことを、右脳は感性や情緒的な分野を司《つかさど》るとされている。ここから、右脳型人間のほうがひらめき、豊かな創造性があるということになり、右脳型人間になるにはどうするかといった議論になる。しかし、だれの脳にも左脳と右脳がある。右脳型、左脳型といっても、要はバランスの問題であり、私はむしろ、ひらめき＝右脳というようなステレオタイプの発想、いい換えるとなんでもパターンにはめ、規則を作ってしまうところにこそ、現代の日本人の問題点があると思う。

自由な発想法を身につけるにはどうすればいいのかを議論するときに、右脳、左脳というような枠をはめることは自己矛盾以外のなにものでもないだろう。

このていどのことは、少し考えるとわかるはずだが気づかない、あるいはいわれても理解できない人が多い。なぜか。いまの日本では、ものをきちんと考える人間が少なくなっているからである。まともに考え、自分のことばを持っている人間は、十人に一人いるかどうかだろう。本来、考えない人間に創造性を求めても無理な話なのだ。

なにしろ、「考える」ことを学ばせるはずの教育の現場で、生徒、学生たちに十分に考えさせることなく卒業させてしまう。医学部の入試で、小論文の出題を担当したことがあるが、ある年、ヴェトナム戦争で母親が子どもを抱いて涙を流している写真を見せ、どんなことでもいいから感想を書きなさいと出題した。まともに自分で考える受験生が多ければ、いろいろな答えが出てくるのが自然だろう。ところが、どれもほとんど同じ内容で、最後は、医学のためには云々というオチがついているところまで似ていた。小論文のまとめ方のパターンを受験テクニックで教えられ、それに忠実に従って書いただけの内容なのだ。出題写真を見て、自分で考え、その感想を書いた受験生はごく少数しかいなかった。

仮に、「こんな写真を見せられて胸がいっぱいになりました。悲しみで、とても感想などは書けません」というような、ロボットではなく、人間の書いた感想文があったとしたら、私なら満点を出しただろう。

ただし、これは学生たちが悪いわけではない。考えないほうが目的に早く到達できるシステムになっているからだ。偏差値の高い学生ほど、このことに早い段階で気づいている。そこで教師のいうままに知識を吸収し、優秀な学生として卒業していく。

ところが、彼らは入社してから創造力、ひらめき、独自の発想などを求められることになる。しかし、それは「考えず」に育ってきた彼らにとって、もっとも難しい種類の課題で、なかにはなにを期待されているのかわからない人間もいるだろう。企業の側にも大きな矛盾がある。ほとんどの企業は、偏差値の高い大学の成績優秀な学生に真っ先に目をつけるが、採用担当者自身が真剣に人材の発掘を考えているなら、独自の判断があってしかるべきである。ところが、決まりきった基準で社員を採用し、後で創造性豊かな社員がいないと嘆くことになる。企業側も考えていないのである。

都市化がもたらしたもの

考えない人間が増えている背景には、都市化ということがある。都市、街は、すべてが人間の作ったもの、いい換えると、だれかの脳のなかにあったものが外に出てきた人工物だけの世界である。公園の草花などは自然のもののに見えるが、都市では、それも人間が植え込んだものであり、純粋な自然物ではない。

なぜ、人間が都市を人工物で満たすかというと、一つには安心を得るためである。人工のものは、物質に限らず、社会のシステムにしても、すべて人間の脳のなかにあったもので、人間であれば、少なくとも表面的には理解し、予測、推測できる。これが安心につながることはおわかりいただけるだろう。たとえば、都市生活者の典型であるサラリーマンは、毎朝、かならず走ると予測した電車に乗り、そこにあるだろうと信じた会社に行き、決められた日数だけ出勤すれば、間違いなく一定の収入を確保できる。この保証があるからこそ、満員電車に耐えて通勤するのである。

ところが、自然界ではなにが起こるかわからない。自然と対峙《たいじ》して生活している農業や漁業の従事者は、サラリーマンのような安心は手にできない。農家なら、土を手入れし、水の管理をし、肥料を施して農作物を栽培する。しかし、ひとたび台風に直撃されれば、収穫がゼロとなることもある。だからといって、自然が相手である以上は、だれかに責任をとってもらうわけにもいかない。すべて自分で結果を受け止めるしかない。また、被害を未然に防ぐには、真剣に対策を考える必要がある。

都市にも、犯罪や交通事故など、都市ならではの予測できない危険もあるが、相対的に見れば、都市は安心な空間なのである。そして、この環境に身を置いていると「考える」必要がなくなってくる。思考停止に陥った人間の脳は、やがて情報を保存するだけの器官になり、知っているかどうかだけが気になる。考えたかどうかは、だれも考えないのである。最終的には自分の意志、判断能力があるかどうかさえはっきりしなくなる。「あの辺りにサリンを撒け」といわれ、そのまま撒いてしまった慶應義塾大学医学部卒の中年医師さえいた。世間では、どうしてあれほど優秀な人物が……と噂したが、学歴や社会的な立場は、「考える」こととは無関係である。「考えない」人間は、医師であっても、サリンを撒くというような、わけのわからないことも実行してしまうのである。

「考えない」人間を増やすことに加えて、都市化は、すべてを人間の責任にするという特徴を併せ持っている。たとえば、道を歩いていたところ穴があり、うっかり落ちたとしよう。それが田舎道であれば、もともとそこにあった自然にできた穴であり、「落ちた人間が悪い」ということになる。

しかし、都会で歩いていて穴に落ちたとすると、「この穴はだれが掘ったのか」、あるいは「穴を放置しておいたのはだれか」ということになり、人間の責任に帰結する。ただ、責任を追及していっても、最終的に責任がどこにあるのか不明になることが多い。関わる組織や人間の数が多いためだ。

責任の所在がはっきりしないと、さまざまな問題点が浮上してくるが、企業ではプロとしての仕事が遂行できなくなる。世間を騒がせたいくつかの大企業を思い浮かべればすぐにわかるだろう。プロ＝信頼であり、責任があいまいになると信頼を失い、企業は成立しなくなる。

逆に、企業の業績を上げるには責任を重視しなければならない。社員の能力を発揮させるにも、細かなことは指示せず、それぞれの守備範囲内において責任を持たせることだ。責任を背負わされた社員は、結果を自分で受け止めなければならない。やり甲斐を感じると同時に危機意識が出てくる。そこではじめて真剣に考え、その延長線上に「ひらめき」が生まれる期待も出てくる。

脳にはクセがある

「考える」「考えない」ということについて、脳にはクセがあることも知っておいたほうがいい。脳は、あるていど以上の入力があるものについては、それを現実と認めてしまう特徴があるということだ。したがって、特定の情報が、真偽はべつとしても、頻繁《ひんぱん》に、あるいは繰り返し脳に入ってくると、それを現実のこと、真実と受け止めてしまう。

数学嫌いの人間には理解も想像もできないだろうが、数学者にとって「数学の世界」は実存する。数学者は、一般世間の情報を半ば絶ち、脳で数字だけを取り扱っている。そのため、脳が数学の世界を実在していると思い込むのだ。利益を上げることが最優先される企業人、経営者であれば、おそらく脳は金でいっぱいだろう。そして金こそが実在することになる。わかりやすく表現すれば、金こそが命になる。しかし、金にさほど関心のない私にとっては、金は紙切れか数字にしか見えない。

つまり、自分で現実だと思っているものでも、実際には脳が生み出したにすぎないということである。立場によって、その実在するものも違ってくるわけで、脳にクセがあることを認識すれば、意見の異なる相手とも無闇《むやみ》に衝突することもなくなる。要は、脳は個人のモノサシであり、モノサシが違う相手と角突き合わせても、話が嚙み合わないのはやむをえない。ただ、よく「考えれば」モノサシが違っていても「わかり合える」ことは可能だ。

問題は、「わかる」ということをわかっている人も少ないことだ。私の本を読んで「全然わかりません、理解できません」といってくる人がいる。内容は、それほど難しいわけではない。にもかかわらずわからないというのは

「わからないように読んでいる」からだ。また、新聞や雑誌、テレビなどから取材を受けることも多いが、ここでも、私の当たり前の話がまったく通じないことがある。マスコミ人は、一般に偏差値の高い大学を卒業した優秀な人物と受け止められている。それが事実なら、私の当たり前の話がわかって当然ではないだろうか。

結局、脳に入った情報を出し入れしながら生活しているだけで、考えることが身についていないのである。だから「わからない」のだ。本当に「わかる」というのは、外から入ってきた情報なりを自分の頭、脳で考え、咀嚼《そしゃく》、整理して理解することだ。

じつは、大学で学生に教えていてもっとも困るのも、学生から「わからないので説明してください」といわれたときだ。本人は説明してもらえばわかると思っているようだが、「どの部分が、どうわからないのか」がわかっていない。そんな学生に説明してもわかってもらえるわけがない。

参考までに、「わかる」ということについて詳しく知りたい方のために、橋本治氏の『「わからない」という方法』（集英社新書）をお勧めしておく。

人間が考えたことは必ず実現する

私は、人間が考えたことは、基本的に必ず実現すると思っている。飛行機にしろロケットにしろ、最初はだれかの頭、脳のなかにあったものだ。これは間違いがない。脳にあるものを当人が真剣に考え、脳の外へ持ち出し、形にしてはじめて現実化する。阿弥陀経《あみだきょう》というお経の最初に、極楽とは暑さ寒さのないところで云々……と書いてあるが、この極楽でさえ、現代人はエアコンで実現した。現代社会で不可欠となったコンピュータも大脳新皮質が作り出したもので、原理は脳の仕組みをそのまま応用している。いい換えると、コンピュータは、脳が自分自身を外に出したものなのだ。個別のものだけでなく、現在の工業化社会も情報化社会も、すべて脳が作り出したものだ。

このように、人間の頭のなかにあることは外に出て形になるが、たとえ脳内にあったとしても、本人が「考えなければ」、外に、世の中に出てくることはない。

職業や立場の如何《いかん》を問わず、世間に広く知られるような人物は、よく考え、それを行動に移している。ジャイアンツの長嶋監督の言動がマスコミで面白おかしく取り上げられるが、往年の華麗なプレーも、脳をしっかり使っていなければできるはずもない。むしろ、長嶋監督を嘲笑《ちょうしょう》している側の大多数の人間の脳のほうが活用されていないのではないか。企業でも同じことで、考えない社員しかいない企業からは、なにも生まれない。他人から聞いたこと、教わったようなことだけで対応しようとするとどうなるのか。これはバブル経済と、その崩壊後、現在も続く経済の低迷が教えてくれている。情報を採り入れるだけに終始し、自分で考えずに行動したところにバブル経済があったのではないか。実際には、大きな流れや枠をはみ出たところ、パターンから外れたところにこそ面白さがある。しかし、日本では面白さを評価するより、異端として疎外してしまう。

大リーグへの日本人選手進出の道を切り拓いた野茂英雄、後に続いたイチロー、新庄剛志《つよし》、さらにイタリア・セリエAの中田英寿《ひでとし》など、世界で活躍中のスポーツ選手たちは、能力が備わっていたから海外に活躍の場を求めることができたが、べつの見方をすれば日本社会では「外れ者」だったのである。

私自身、東大で教えていたころ、赤提灯で酒を飲んでいると、「東大教授ともあろうものが、こんなところで酒を飲んでいていいのか」などと、よくいわれたものだ。東大教授には、それにふさわしい場所があり、行動も決まっているというのだろうか。この「……ともあろうものが」という見えない規則に縛られていては、面白い世界が広がることもないだろうと思う。

豊かな発想、アイディアが生まれるようになるかどうか、それは保証のかぎりではないが、やはり都市生活者にとって必要なことは、俗な表現ながら、自然と触れあうことだろう。

休日に海、山へ出かけ、自然のなかに身を置くのはもちろん悪くない。しかし、毎日数分でいいが、人工的なもの、つまり人間の脳から出てきたもの以外のものを、五感で感じ取る時間を持つことをお勧めしたい。空に浮かぶ雲を見たり、自然が創造した木や石などに触れたりと、方法はいくらでもある。

また最近、癒やしということばがよく使われ、その効用を謳《うた》った音楽も数多く出回っているが、音楽も他のだれかの脳が生み出したもので、人工物である。むしろ、癒やされたいなら、テレビやオーディオの音を消し、鳥の囀《さえず》き、風の音などを身体で受け止めたほうがいいように思う。

もともと、人間は予測のできない空間、自然界で長いあいだ生活していた。このことを考えると、現在のような極端に都市化され、管理された環境での暮らしは、人間の本性と合わないところがあると思う。このズレも、自然のなかに身を置いてみたり、自然と遊ぶことで多少なりとも埋めることができるのではないだろうか。これが昆虫採集をしたいがために仕事を続けている私の感想である。

情報社会の「人間の幸福」

ネットの発達が人間の脳に与える影響

郵政省の会議で聞いた話だが、日本で高校生に携帯電話が普及した時期に、アメリカでは同じ世代にインターネットが普及したという。携帯電話は話しことばで、インターネットは書きことばである。私はいまの日本語はもともと書きことばだったと思うのだが、インターネットが普及すれば、書きことばとしての日本語の洗練にはプラスになるかもしれない。

だが、コンピュータやインターネットの発達が、全体として人間にどんな影響を与えるかという命題に的確に答えられる人はいないだろう。ファミコンについても、それをずっと続けて育った子どもがどうなるか、まだはっきりとわかっていない。

主人公がいろいろな冒険をしたり、戦闘するRPG（ロール・プレイング・ゲーム）はたしかに面白い。出始めたときは私も徹夜でやったものだが、一ついえることは、ゲームの構成そのもののなかに、また場面、場面のやり取りのなかに、間違いなく文化的な要素が入っている。そして、それが必ずしも日本社会の伝統的倫理観ではないことである。子どもは与えられたものを当り前のこととして受け取る。その意味では価値観がグローバル化し、違った価値観が定着していく可能性もある。

もう一つわかっていないのは、脳の発達にどういう影響を与えるかだが、この点はテレビの影響からあるていど推測できる。

私はテレビっ子というのは団塊以降の世代だと思っているが、テレビがいい悪いというのではなく、テレビを長時間観ていると、それなりの癖がつくはずである。端的にいうと、テレビの世界と現実の世界の区別がなくなってくる。テレビの画面を観て、泣いたり笑ったり怒ったりしているのはその表れだ。ただ現実の世界と違うのは、テレビの世界から子どもに向かって働きかけてくることがないことと、こちらから働きかけることができないことで、テレビのなかの物語は視聴者の意向に関係なく自分のプログラムで進行してしまう。

そこから出てきたのがシラケ世代である。他人が一所懸命にやっていても、自分には関係がない、という態度をごく自然に取れる人たちが出てきたのは、テレビのなかにいかに凄惨《せいさん》な場面が出てきても、観ている場所は茶の間であるということと無縁ではない。だから現実の世界でなにが起きても第三者になることができる。その点においてはまことに器用な人たちで、そういう人が増えてくると、一億玉砕式にはならないであろう。

しかし、他方ではものごとを本気で考えられなくなる。全身全霊というものが消えていく。ところが、人間はなにかに自分をかけたいというものをどこかに持っているものだから、その行き場が問題になってくる。

オウムとかライフスペースとかいうものも、この問題とどこかで関連する面があるにちがいない。どこまで関係があるのか単純な話ではないだろうが、私は根本的には、「知識」というものがいま述べたテレビと自分との関わりによく似たものになっているところに、根本的な問題があると思う。つまり、知識が自分を変えるものではなくなり、自分が扱うものになったということである。

知識というものは、じつは自分を変えるものなのである。たとえば、ガンの告知を受け、自分がガンであることを知れば、知った瞬間に咲いている桜が違って見える。それは桜が違うのではなく、知ることによって自分が変わるからである。また、自分が去年までどういう気持ちで桜を見ていたかを思い出そうとしても、生き生きとは思い出せない。過去の自分はすでにべつの自分だからである。「知る」ということは、本当はそういうことなのだ。

「お受験」教育の結果

私は、それは戦後、いってみれば営々として「お受験」問題に象徴されるような教育をしてきた結果でもあると思うが、自分のなかに本当の自分と、いわばテレビのなかの自分がいるという構造ができ上がっているのである。つまり、本当の自分と、その外側に世の中と付き合っている自分がいて、外側の自分はいかようにもなる自分なのである。

そういう感覚になっているから、サリンを作れといわれれば平気で作る。しかし、奥底にある本当の自分についてはなるべく触れないようにする。そこは徹底的に保存し、大事にし、隠すのである。一面、いまの若い人たちは人を傷つけることを嫌い、自分が傷つけられることを嫌う。要するに優しいのだが、そういうかたちで自分をしっかり保存しておくわけである。

そうすると、どうなるか。前面に出している自分というのは本当の自分とはつながっていないから、マニュアル人間になる。とにかくマニュアル化してくれ、マニュアル化すればやってみせるということになる。

そうした知識がガンの告知とは根本的に違うことはいうまでもないだろう。ガンの告知は奥底に隠れている本当の自分そのものを瞬時に掘り起こす。

しかし、ふつうはそういう体験をすることはほとんどないから、「知識」が自分を変え、「知る」ことが自分が変わることだとは思っていない。いまの人たちは、むしろ自分が変わることは悪だとでも思っているようにさえ見える。

それは、大きくいえば社会と人間のさまざまな関係からきているのだが、その全体を貫いているのが情報化の問題である。情報の性質と人間の関係が理解されていないというか、逆転してしまったのである。というのは、毎日毎日あふれるような情報が流れているために、情報というものは移り変わっていくもので、それに対して人間は若い人たちにとっての自己のように変わらないものだと思われていることである。しかし、じつはまったく逆なのだ。

つまり、すべての情報は固定しているからこそ情報なのである。私はよく学生にいうのだが、同じ映画を十回観ると、一回ごとに感想が違う。それは一回ごとに同じ脳が違う受け取り方をするからだと思われているが、そう思うのは人間の脳は機械のようなものだと考えられているからで、脳がコンピュータならたしかにそうだが、じつはそうではない。違う感じ方をするのは、人間の脳そのものが絶えず変わっているからなのである。

そう考えると『平家物語』の「諸行無常」の意味もはっきりしてくる。万物はすべて移り変わるというのは、人間が変わっていくからなのである。人間の身体は七年たてば細胞はほとんど入れ替わる。『方丈記』の「ゆく河の流れは絶えずして、しかも、もとの水にあらず」というのは、人間のことなのである。

情報はその反対で、ことばはしゃべれば消えるのではなく、テープに録《と》れ ばそのまま残る。テレビもビデオで録画すれば固定され、インターネットにのせたものはいつまでも同じかたちのままである。データというものは本来そういうもので、データが確実だというのは、すでに過去のことであり、動かしようがないからなのだ。

しかし、データに依存すれば、データにないことが起きたとき、危機のときは対処できない。それがいちばんはっきり現れるのは、いままでにない技術が出てきたときである。脳死後の臓器移植問題がそうだったし、遺伝子診断など出生前診断もそうである。そうすると、過去のデータから考えることができないために倫理もなにもなくなってくる。

インターネット社会がどうなるかというのも、そうした問題の一つであろう。だから私は、データ主義で考えるのは半分ぐらいにしておいたほうがいいと思う。過去になかったものがつくり出される時代にあっては、過去の延長、データ主義では通用しないのである。

本当の自分に気がつかない日本人

前述した外側の自分と奥底の本当の自分の問題が典型的なかたちで現れたのがオウムだといえる。本当の自分が、奇怪、異様な自分になっていることに気がつかないのである。

それをいちばんよく示しているのが林郁夫であろう。医者だから私と同業ということになるが、交通事故で考え方が変わり、サリンを作って、それをビニール袋に詰めてラッシュ時の地下鉄に持ち込み、傘の先で穴を開ける。そして捕まると後悔し、手記を書く。どれが本当の林郁夫なのだろう。

安楽死を勝手に実行する医者はありうる。治癒《ちゆ》の見込みのないお年寄りを長いあいだ診てきて、「こんなに苦しむのなら、生かしておいても可哀想なだけだ」ということで殺人を犯したというのならまだわかる。そこには医者としての連続性があるからだ。しかし、林郁夫の場合は理解できない。医者がなぜ突然、健康なごくふつうの人たちを殺そうと思い立ったのか。「では、おまえはなぜ医者をやっていたのだ」。私はそういいたいが、結局、本当の自分は裏に隠れていて、表面に出ている自分を演じているだけではないか。

それは、ひょっとすると、日本そのものの姿かもしれない。明治の「和魂洋才」というのは、心の底には本当の自分がありながら、世界のなかで生きていくために仕方がないから西洋マニュアルでいこう、というものだった。そのいわば言い訳が「和魂洋才」だったわけである。

それが成功したまではよかったが、最後にやったのは第二次世界大戦という大量殺人だった。少なくとも中国や東南アジアの人たちは、日本というのは大量殺人犯だと思っている。そしてそれが失敗すると、今度は平和と民主主義である。まさに後悔した林郁夫ではないか。だからこの問題をだれも真剣に考えようとしない。考えたくないのである。マスメディアが当面の事件ばかり追うのも、無意識のうちにそうした深刻なことは考えたくないからだろう。

安楽死や尊厳死、交通事故の問題を大きく報道しながら、自殺については一切無視しているのもそうである。自殺者は一九九七年から九八年にかけて四千人も増え、年間三万人を超えている。これは公式の統計だから、医者が自殺として届け出ていないケースも含めればもっと多いにちがいない。交通事故でも、自殺するつもりで車を運転していた人や、そのつもりで飛び出した人もいるはずである。さらにいえば、自殺の理由の上位三位のなかにはかならず病苦が入っている。

とすると、自殺と交通事故、自殺と安楽死という問題は切り離せないはずである。にもかかわらず、男性の平均寿命を押し下げるほどの自殺の問題を無視しているのは、現実を直視したくないという理由以外に考えられない。はっきりいえば、現実を見るのが嫌なのだ。

私は、日本人は本当に腹を括《くく》らなければならないときが来ていると思う。いま世の中は不景気だ、不景気だというが、問題はそこにある。つまり、問題は経済的によくなれば人間は幸せになると思ってきたところにある。だからそこに穴があくと、茫然自失《ぼうぜんじしつ》になるのである。かつては飢えの問題があったから、そのかぎりでは対処の仕方はやさしかったともいえる。人間にとっていちばん難しいのは、飢えが満たされた段階でどう生きるのかなのである。

インターネットとの関係でいえば、インターネットがなくても人間は生きていける。いま問われているのは、インターネット自体の問題ではない。それを手応えのある生き方のために使えるかどうかということである。つまり、本当に生きていくために必要なものはなにかということだ。

新たな共同体を構築するとき

私はいつもいうのだが、私たちは、自分たちが開発してきた技術を使いこなせるだけの能力をもっているのだろうか。原子力発電所で、なんでもない作業をやっているうちに臨界事故を起こすというのは、ひょっとすると現在の技術は人間の能力を超えているのかもしれない。

日本は、かつてはこのような時代には鎖国をしてきた。平安時代には中国との交流を断ち、江戸時代にはヨーロッパからの情報を遮断した。異質なものが入りすぎると社会自体がもたないからである。しかし、インターネット時代にそんなことができるはずがない。そうすると、それを使いこなし、われわれの社会を支えていくために必要な基盤はなにかということになる。

その答えは、人間の共同体である。私は「和魂」といわれていたものは共同体原理だったと思っている。べつのいい方をすると「世間」である。世間のなかに会社とか学校とか隣近所とか、入れ子になって小世間がたくさんあり、すべての日本人はその世間に重複して属している。そういう世間の構造が日本をもたせてきたのである。

ところが、日本人は「世間」の別名である「社会」という目で共同体を見る見方には慣れていない。それどころか日本社会は異質な社会を徹底的に排除してきた。キリスト教も排除したし、仏教のなかでも日蓮宗や浄土真宗の一部のように他宗派に対して拒否的な態度を取る宗派は徹底的に弾圧されてきた。「洋才」つまり日本のいわゆる近代化を支えてきたのは、善し悪しはともかく、長いあいだのその伝統であった。

いまその共同体が消えつつある。たとえばかつては地域のなかで、年長の子どもが年少の子どもを、というかたちで子ども同士で面倒を見合ってきた。ところがいまの子どもは、同年配同士で、大人を見ながら育っている。これほど乱暴な育ち方はない。

それはべつの面から見ると、母親が子どもを抱え込んでいるということでもある。他人が自分の子どもを注意することを許さないのは、子どもは母親の一部だと思っているからにほかならない。

象徴的なのは妊娠中絶の問題で、妊娠中絶はアメリカでは大きな社会問題になるが、日本では社会問題になることはない。アメリカでは胎児を人間と考えるのに対し、日本では母親の一部だという考え方だからである。だから中絶は親の一存ということになる。その延長が親子心中であり、極端な場合は子どもに保険金をかけて殺すということになる。

介護の問題も、核家族になり、共同体が崩壊してきたことによって浮上してきたという面もある。私たちが暗黙のうちに持っていたルールが、壊れかかっているのである。

私はいままでの共同体がすべていいというのではない。それが崩壊しつつあるという現実を見すえたうえで、異質な社会とどう調和しつつ、新たな共同体を構築していくか。それがインターネット時代を迎えるにあたってもっとも大事なことだと思うのである。

といって、なにもおおげさに世直ししようというのではない。自分の生活は、家庭は、地域は、会社はこれでいいのか。そういう身近な、できるところから始めればいいと思う。

第2章

「少子化」について考える

日本の子どもたちの未来

戦後の社会変革が子どもたちに与えた影響

十七歳を含めて、子どもたちが問題になっているらしい。公平のために述べておけば、いまの子どもたちがとくに変なわけではなかろう。昔も今も変な人は変だし、いまでも普通の人は数多いはずである。もしどこかが変だとすれば、それは変な子が割合として増えたというより、変である方向が違ってきたということであろう。十七歳が人を殺すといっても、そういう事件が過去になかったわけではない。浅沼稲次郎《あさぬまいねじろう》氏の刺殺事件などはその典型ではないか。さらにさまざまな事件を、メディアが大きく報道する。それが実情よりも世間の印象を増幅している可能性が高い。

そうした留保をしたうえで子どものことを考えてみれば、多少はおかしくなっても不思議はないという気がする。考えてみれば、当然ではないか。ずいぶん以前から、私も子どもたちの問題、とくに教育について論じてきた。もし子どもが変化しているとすれば、その根本になっている現象は一つしかない。それは戦後、われわれの社会が、自分たちの生活様式を徹底的に改変してきたということである。その影響を強烈に受けるのは、子どもたちのはずなのである。

社会の大変革を行なうのは、ともあれ大人である。自分でやっている以上、大人は変革の利点と欠点が「わかっていると思っている」。子どもはそうはいかない。子どもたちはその社会的変革を「上から与えられる」しかない。子どもにとって、社会は相変わらず「徹底的に非民主的」なのである。どこの世界でもそうだという意味では、それはあまりにも当たり前のことであろう。しかしそれなら、社会の大変革を進めてきた大人たちは、そうした変革が子どもに与える影響を一瞬でも考慮したであろうか。大人たちという「政府」は、子どもたちという「人民」の要求を、本気で聴いてきたのか。

私個人が最初にある種の変化に気づいたのは、大学生だったころである。私が生まれ育った町で、私が通い卒業した小学校の敷地の一部を改変し、立派な市役所が建った。そこにあった池と小さな祠《ほこら》が潰され、祠自体は近くに移転させられた。移転した祠はいまでも残っているが、そこが祠が本来あるべき場所ではないことは、いまある場所の雰囲気でわかる。神社や祠はある必然性に基づいて、しかるべき場所に置かれる。その必然性がすでに理解されなくなっていたにちがいない。ともあれその機会に私が感じたのは、子どものものを削って大人のものが建つようになった、ということであった。子ども部屋が消えて、客間になったようなものである。日本の子どもたちの未来は暗い。私はそのとき、そう感じた。

そのころから子どもの遊び場がない、消えるという苦情が、しばしば新聞の紙面を賑わせたと記憶している。そうした声は、いわゆる高度経済成長の波のなかで、いつの間にか、ほぼ完全に消えていった。いまではそうした声を上げようとする人もない。それどころか、親がパチンコをやっていて子どもは車のなかで死んでいた、と報じられる始末である。

子どもは「自然」である

戦後社会の変革を、私は都市化と定義してきた。平和とか、民主主義とか、経済の高度成長とか、ありとあらゆる表現もできよう。しかし私が経験してきた社会変化の基本は、要するに都市化であり、理科的に表現するなら「脳化」なのである。そうした世界では、人々は自然を排除し、すべてを意識化しようとする。つまり人工化しようとする。

人工化にもっともなじまない人とは、だれか。子どもに決まっている。なぜなら子どもは「自然」だからである。大人が子どもの扱いに困るのは、子どもが当然の約束事を理解しないからである。世の中は約束事に満ちている。だから幼児に対してなされる最初のしつけは、用便のしつけなのである。サルの仲間はすべて、野生状態ではいたるところをトイレにする。トイレのしつけのできていないサルは、家のなかで飼うことができない。続いて食事のしつけである。決まった時間に腹がすくわけではなく、決まった場所でなければ飢えを満たすことが不可能なわけではない。しかし定時に、特定の場所で食事をすることがしつけられる。

用便にせよ食事にせよ、すべての身体的必然は、その身体を持つ個人によって管理されなければならない。それが「文明」なのである。裸の姿がどういう形態であろうが、個人はそれに対して責任を持つことはできない。私の毛は、私の意志で生やしたものではない。しかし、そうした自然の形態を徹底的に管理し、他人に見せず、服を着せるというのは、文明が要求することなのである。小便をしたいから、ここでする。大人ではそれが許されず、子どもではやむをえないと見なされる。その差とはなにか。子どもとは自然であり、文明人つまり都会人は人工的つまり意識的存在だということである。

大人は社会システムのなかで生きる。システムとは意識によってつくられた世界である。現代はシステムということばが好まれ、すべては「システム」

化する。つまり自動化する。その自動化を進めているのは意識である。システムとは隅々まで意識によって設計されたものなのである。そんなややこしいものが、とくに子どもに理解できるはずがない。子どもがいちばん理解しないものは、繊細な感情ではない。意識的につくられた社会の約束事である。

子どもの遊び場問題は、いま考えてみれば象徴的だった。それは私の場合、空き地であり、川であり、里山であり、海岸の松林だった。それらはいままではすべて失われたに等しい。それだけの大変革を引き起こして、子どもが変化しないわけがあるまい。それはちょうど、経済発展に力を尽くしてきたら公害問題が発生したのと、ほとんど同じようなことである。どちらも文明と自然の対立にはちがいないからである。

子どもの問題の発見あるいは出現が、いわゆる公害問題より遅れたのは、人がゆっくり育つこと、人の適応性が高いこと、そうした理由からであろう。それに子どもたちはいずれは自然を脱して、よかれ悪しかれ都会人に変わる。多くの問題はそれまで待てば済む。つまり「自然に解決する」ことだった。

もしいまの子どもに真に問題が生じているとすれば、子どもの成熟を待つという、その余裕すら社会になくなってきたということであろう。すべての子どもは可及的速やかに、成人になることを要求されているのである。

ゲームは子どもたちを現代世界に適応させる

社会的問題が発生すると、いまの人はその理由を要求する。都会人はかならずそうなのである。なぜならすべてが意識化された世界に住むからである。そこでは意識化できないこと、つまり理由がわからないことが発生するのは、不祥事なのである。

人間のつくった世界では、なにごとにも理由がある。自然に理由はない。なぜ宇宙はビッグバンから始まったのかと訊かれても、答えようがない。なぜゾウムシの口は象の鼻のように長く伸びるのか。口がそれほど長くなくても生きるのに差し支えないことは、他の虫の存在が証明している。科学では

「いかにして」という疑問は成立するが、「なぜ」は成立しない。それはほとんど古典的な科学の定義である。

新しいことが起こったのだから、新しいことに原因があるはずだ。それならテレビが原因ではないか。さらにいうなら、これだけテレビゲームが普及してしまったら、子どもは変わってくるのではないか。現代ではこれらはごく一般的な疑問であろう。

それをいうなら、子どもたちの世界は、すでに述べたように、とうの昔に変わってしまっているのである。われわれの世代のように、自然のなかで育ったのとは違った子どもたちが、すでに親になって、子どもを産んでいる。そのまた子どもたち、つまりわれわれの世代からすれば孫に相当する子どもが、その親ともまた違ってしまったとしても、それはあまりにも当然ではないか。変わらなかったら、むしろおかしいのである。環境変化に対する人間の適応力はきわめて高いからである。

いまの生活では、飯炊きもボタン、風呂焚きもボタン、テレビのスイッチもボタン、はてはアメリカ大統領が核戦争の最終指令を出すのもボタンである。

そういう世界に私のような年寄りは適応できない。どのボタンを押したらなにが飛び出すか、それがわからないからである。どれもボタンだということは、「ボタンを押す」という行為と、それが引き起こす結果に、なんの必然的連関もないということである。

ボタン押しという行為は、極論すれば、飯炊きにも、風呂焚きにも、テレビ映像にも、核戦争にもなりうる。そういう世界に子どもを暮らさせておいて、テレビゲームばかりするのが心配だというのは、どういう神経であろうか。ああいうゲームは、むしろ子どもたちを現代世界に適応させる訓練ではないのか。テレビゲームとはつまり、ボタンを押しているだけの世界だからである。ボタンを適切に押しさえすれば、ゲームのなかでほとんどの世界が体験できる。そこには出会いがあり、損失があり、利益があり、戦争があり、人の誕生と死、失敗と成功がある。それがすべてボタン押しのみで決まるということは、もののみごとに現代を象徴しているではないか。

私は子どものころに風呂焚きも飯炊きもした。それが家族のなかでの私の役目だったのである。まず紙のように燃えやすいものから始めて、次に焚きつけになり、最後に薪《たきぎ》になる。さらに石炭になることもある。飯炊きも同じである。それがいまでは、すべての手順がボタン押し一回分にすぎない。浴槽に水を張ることも、焚きつけを探すこともない。ただボタン押し一回で風呂が沸く。それがテレビゲームなら、ボタンは数千回、数万回押すであろう。それなら戦争だろうがなんだろうが、ありとあらゆることが可能なわけである。

宮崎駿《はやお》氏がいっていたことだが、氏の山荘に来る若者に焚き火をさせると、いちばん上に紙を載せ、その下に焚きつけ、いちばん下に薪を置くという。時間的順序と空間的順序が一致しなければならないと思っているのかもしれない。うちの娘にゴミを焼かせると、窯《かま》のなかに紙くずをぎゅうぎゅうに詰め込むから、家を周囲から徹底的に燻《いぶ》すことになる。具体的な手順として、行為した経験が欠けているのである。

それを私は抽象的世界と呼ぶ。私の話を抽象的という人があるが、その私にいわせれば、現在の世界のほうがよほど抽象的である。テレビのボタンを押してテレビをつけて、そのボタンを押したという行為と、テレビ画面が眼に見えているという現象とのあいだの、科学的事実の連関を具体的に欠けるところなく順次説明できる人が、いまの世間に何人いるか。それでも世界は抽象的でないと主張するのか。子どものテレビゲームのやりすぎが心配だというのか。

教育の自転車操業を止めるとき

子どもたちの問題は、教育の問題だと考える人もある。その教育で、文部省は円周率を3にするといっているらしい。その理由はよくわかる。いまはデジタル時代で、アナログ時代ではない。3・14159 2……という、ほとんどアナログというしかない数字は現代に合わない。3なら3、4なら4、はっきりしてくれ。そもそもコンピュータのキーボードに3・14というのはないじゃないか。文部省はいろいろ違う理由を述べるかもしれない。しかし、私にとって円周率が3になる理由は、右のように思える。

教育をいじれば、それはひたすら現代風に改変される。昔の子ども、つまり私が子どもだったころといえば、ほとんどの子どもが鼻水を垂らし、手足はヒビ、あかぎれ、しばしばノミ、シラミが共生していた。回虫のような寄生虫はいうまでもない。子どもをそういう時代に戻そうとは、だれも思わないであろう。それなら教育は、そうした子どもの変化に合わせて、変革されなくてはならない。だから年中、教育改革なのであろう。大学にいたっては、もはや私のような老人には理解できない変革がどんどん進行している。

学期の初めにはシラバスを出せという。シラバスとは、授業予定の内容のことらしい。そんなことばは、私の長年の学校生活のあいだ一度も習ったことはない。私の真に尊敬している恩師は、シラバスを作らなかった。そんな制度はなかったから当然である。だからシラバスのない授業を私は受けた。それで恩師があり、いまの私があるなら、シラバスをその私が作るというのは、全共闘が好きだった表現をするなら、自己否定である。なぜこの平和な時代に、私が自己否定をしなければならないのか。

現代教育批判としてよくいわれる、父親不在の教育というのがある。その真意は、父親不在の教育を嘆く人は違うというかもしれないが、右のようなことであろう。父親がいるいないは本質的な問題ではない。自分が育ったように、子どもを育てる。自分がいまそうであるように、子どもがなるためには、自分が受けたような教育を、子どもが受ければいい。それはすなわち、現在の自分を肯定することである。現在の自分を肯定していない人間に、教育ができるのか。教師はただひたすら、反面教師であれというのか。

戦後の日本だけではない。明治以降の日本社会は、その意味でひたすら自己否定を続けてきた。明治は江戸を否定し、戦後は戦前を否定した。江戸は戦国を否定し、おそらく『古事記』と『日本書紀』の時代は、それ以前を否定したのである。それが教育に現れるとき、それを私は教育の自転車操業と呼んだ。それを繰り返しているあいだは、「問題」は絶えず生じるはずである。いつでも「新しい」問題が発生するからである。それがいかに当たり前か、説明する必要すらないであろう。

戦後の変革期から、すでに半世紀以上を経た。そろそろわれわれは、自転車操業時代の習慣を止めるべきであろう。十分以上の経済発展をした。それならその富を、未来のために使うべきではないのか。いまさら食えないから経済発展というのは成り立つまい。現在の日本の田畑の面積を保つかぎり、すべての食糧輸入が仮に止まったとしても、昭和二十年代の国民一人あたりのカロリーていどは、確保可能だという計算を農水省は公表している。私はその二十年代に、学生時代を過ごした人間である。当時は食えないというのは、食物がないという意味だった。そうした表現はもはや使えないはずである。

それなら子どもたちのためにすることは、いくらでもあるはずである。それはなにも、ただいま現在の子どもたちだけに対する措置ではない。未来のためである。たとえば、日本の自然は、世界的な水準から見れば、まだまだよく保たれている。その国土に余計な手を入れ、これ以上破壊すべきではない。それでも景気対策と称して、ただいま現在もどこかで、まさに「破壊工作」をやっているにちがいない。それが子どもの問題と関係していることに、気づかないはずはあるまい。やっている人たちもまた、夏休みには子どもたちを海辺に連れて行き、山で遊ぶにちがいないからである。

一日に一度は自然と対面するべき

都会人は未来を信じることをやめる人たちである。すべてを意識化し、計算するからである。意識化された未来は、もはや未来ではない。それは現在なのである。自然を保護してなにになるか。「なにになるか」という疑問は、意識化を要求している。そうした疑問を発するなら、自分で考えればいい。

それをしたくないから、たんに反問するだけであろう。そんな疑問に私は答える必要を認めない。なぜなら私たち自身が自然であり、身体のすべてを意識化できないことは、わかりきっているからである。

教育の問題にすぐに出る解答はない。人の一生は、教育を実証的に調査するには短すぎるのだ。それなら長期にわたって、数代にわたって、辛抱強く研究するしかない。子どもたちにテレビやテレビゲームがどのような影響を与えるか。そうしたことを長年にわたって研究する仕事は、すでに始まっていていい。その意味での実証的な人間学は、この国でこそ始まっていいのである。なぜならわれわれの社会は、唯一絶対神を持つわけではなく、人間のほかに人間の行動を規制する存在がいないからである。

これまでは世間がその代わりをしてきた。その勢力はまだまだ衰えないであろう。しかしグローバリゼーションの過程のなかで、それが頼りにならないことは、しだいに明らかになりつつある。

われわれがそれに頼り、それを基準にすることができる学問とは、人間に基礎を置くものであろう。なにはともあれ、世界を認識するのは人であり、変えるのは人だからである。人の本質に基づいたことは、世界中のどこであれ、成立することである。若者はなぜそういう学問を志し、打ち立てようとしないのか。新興宗教などに凝《こ》る必要はない。

若者に聞くと、なにをしていいかわからない、なにに興味があるのか、それがわからないという。そんなバカな話はない。朝一時間目の授業に行くと、天気がいいのに、大勢の学生が教室に来ている。だから私はいう。「朝早くから、こんな洞窟みたいなところに座って、白髪の爺の話なんか聞いていないで、さっさと外に出て、身体を使って働け」。それからさらに一時間ほど講義をすると、こちらもくたびれてくる。そこでまたいう。「なんでこの年寄りが一時間も立って講義をしていて、お前らは座っているんだ」。

学生は笑っているが、こういう事態は、やはりどこかおかしい。正常とみなされている事態だって、見ようによっては、こういうふうにかなり変なのである。いまの子どもが変だというのも、特殊な例はともかく、おおかたはこのていどのことであろう。もっともこんな例を引くと、変なのはやっぱりお前だといわれそうな気はする。

よくシステム化された病院では、収益にならないというので、小児科が消えつつある。そろそろわれわれは、そうしたシステム化ばかり考えず、自分自身のことを考えるべきであろう。その自分とは、意識と、意識外の身体からできている。昔風にいうなら、心と体である。子どもについて考えることは、身体について考えることに近い。身体も子どもも、すでに繰り返し述べたように、自然だからである。その扱いが、都会人のもっとも苦手とするところだということは、よくわかっている。

だから一日に一度は、自然と対面するべきなのである。日常生活を、むしろ自然によって妨害されるような様式に変えていくべきである。それなら自然について、考えざるをえなくなるからである。この前の日曜日、私は虫捕りに行くはずだった。しかし残念ながら雨が降ったのである。

「少子化」は問題なのか

「貧乏人の子沢山」の論理

少子化が問題だという人がある。その理由がよく理解できない。問題かもしれないし、問題ではないかもしれない。私個人の意見は、どちらともいえないだろうというものである。

私はこれでも「生めよ殖《ふ》やせよ」の時代に育った子どもである。ただし私が生まれた昭和十二年は、人口統計の上でわずかに出産の減少が起こっている。中国戦線で戦闘が始まったからである。上下の世代よりわずかに人数が少ないおかげで、なにか得をしたことがあるだろうか。それもよくわからない。そもそも少子化の利害得失を、だれの視点から見るのか。入試で苦しむ、あるいは住宅難で苦労する若者を考えれば、少子化は明らかに得である。若者が労働することを頼りに年金を貰おうとしているのなら、少子化は損である。ただいま少子化を嘆く人は、ひょっとすると年金の心配をしているのかもしれない。人口のように、本来は中立的である問題は、視点をきちんと定めなければ、その損得はよくわからない。

一般的に考えてみよう。少子化の反対、子どもが増えるというのは、どういう時代であろうか。昔から「貧乏人の子沢山」という。昔の人のいうことは、ちゃんと聞いておいたほうがいいというのが、私の経験則である。よくわからないナアと思う古諺《こげん》でも、あるとき突然、理由がわかったりするからである。

貧乏人の子沢山には、専門家によれば、それなりの論理があるらしい。社会に貧乏人が多いということは、社会的権利を奪われている人が多いということである。金がないから十分な教育も受けられず、もちろん勉強なんかしている暇はない。その機会もない。だから、うだつがあがらない。社会的権利がないのは、貧乏な男ばかりではない。そういう社会では、女性はさらに悲惨である。

そういう貧乏な夫婦には、なにが起こるか。もちろん子どもを作る。

いま人間の欲は一定だとしよう。たとえば性欲は、多少の個人差はあるにしても、平均してある一定量は存在するにちがいない。だから貧乏人でも子どもができる。むしろ貧乏であるほうが、子どもができるかもしれない。ようやく生きているということは、生物で考えれば、できるだけ早い機会に、子孫を残す必要があるということである。さもないと、自分の遺伝子を残す機会がなくなってしまう。金持ち喧嘩せずで、金持ちは慌てる必要がない。

亡くなった胡桃沢耕史《くるみざわこうし》氏の直木賞受賞作『黒パン俘虜記《ふりょき》』は、その意味で参考になる。ウランバートルの捕虜収容所では、労働がきつくて食物が不足していたので、若者たちがきわめてひもじい思いをしていた。

そこで寝床にはいる前に、なんの話をするか。むろん食物の話である。俺はカツ丼だ、俺はカレーライスだと、思い思いのことをいう。そうした食物を考えてどうするのか。自慰《じい》をするというのである。

生物の雄としては、これはたいへん合理的である。なぜか。食物があれば、個体は生き延びる。生き延びれば、次の種付けの機会を待つことができる。金持ち喧嘩せずである。食物がなければ、できるだけ早い機会に、つまり飢え死にする以前に、生殖の機会を持つ必要がある。つまり食べるか、種付けをするか、そのどちらでもいい。それならそういう限界状況では、食欲と性欲が一致するはずなのである。両者を区別する必要がない。男の脳は、そういうふうにできているらしい。

むろん女はそうはいかない。種付けだけではすまないからである。少なくとも子どもが独り立ちするまで、面倒を見ていかなくてはならない。

そのためには、性欲を食欲と一緒にしてしまうわけにいかない。両者がつねに必要なのである。ちなみにヒトにいちばん近い動物であるチンパンジーでは、子どもが独立するまでに七年くらいかかるらしい。だからチンパンジーは絶滅の危機にあるのであろう。子どもが乳離《ちばな》れするまで、次の子どもは生めないからである。

先にヒトの欲は一定だと仮定した。性欲や食欲とは違った、社会的な欲がまた別にある。それは権力欲である。権力欲とは、他人を思うようにしたいという欲である。これはヒトという社会的動物には、かならず見られる傾向である。いくつになっても、好々爺《こうこうや》にはならず、政治家をやっている。これが典型であろう。男が政治にのめり込むと、どうにもならなくなる。一種の道楽かもしれない。たいていは身体を壊してやめる。丈夫だと、いつまでたってもやめようとしない。

他人を思うようにしようという欲は、政治家に限らない。私が原稿を書いて自説を主張するのも、読者のだれかに賛成してもらいたいということである。そういえば聞こえはいいが、要するに学者やジャーナリストというのは、他人の考えを思うようにしたい人たちなのである。

官僚は手続きを決め、情報を独占して、他人を思うようにしようと図る。金持ちはもちろん、金ですべてを思うようにしたいと考える。これらをまとめていうなら、いずれも権力欲の変形であろう。

貧乏人とはなにか。そのどれもが持てない人である。それならどうすればいいか。子どもをつくればいい。子どもにとって、親は絶対である。社会で満たされない権力欲を、大勢の子どもを持つことによって、親は家族内で満たすことができる。

だから社会的権利を持たず、経済的にも不如意な人たちが多い社会では、たちまち人口増加が起こる。それを昔の人は貧乏人の子沢山といったのであろう。インドは子沢山の国である。ところが、もっとも貧乏な州の一つであるケララ州に共産党政権が成立した。そこで女性に社会的権利を与え、教育を受けさせるようにしたら、たちまち人口増加が減少傾向になったという。

日本の少子化は女性問題である

そういう視点から現代日本を見れば、とくに人口が増える理由はない。なにしろ女性が元気で、社会的権利を謳歌《おうか》している。仕事は男性と建前上は平等だし、かつて忙しかった家事は、さまざまな家電の出現ですっかり楽になってしまった。私が子どものころの洗濯といえば盥《たらい》に洗濯板だったが、そんなものはもはや民芸品であろう。蛇口からお湯が出るなどという破天荒な事態を、子どものころの私は想像すらしたことがない。むしろ大人を手伝って、井戸の水を汲んだものである。

東南アジアを旅行すると、男が昼間からぶらぶらしている風景をよく見かける。たとえばバリ島が典型である。真っ昼間から男どもが屋外や小屋のなかに座って、タバコなどを吹かしながら、おしゃべりをしている。男はお祭りや戦争、特定の時期だけに収穫のある作物や果実の採り入れなどの機会に働くらしい。

女性はつねに働いているように見える。簡単な農作業、食事の世話、子どもの世話、洗濯その他の家事、暇があれば機織《はたお》りと、仕事に際限がなさそうである。あれを見ていると、日本ではいつから男が働くようになったのか、そのほうが疑問になる。ブータンに至っては長女相続で、男は完全に付録みたいなものである。

なにをいいたいか。日本の少子化は、おそらく女性問題だということである。日本の経済成長は、なかでも女性の生活上の便宜を向上させた。それはケララ州の比ではない。さらに戦後の民法その他によって、女性の社会的地位も向上した。だから貧乏人の子沢山の反対が起こったのであろう。もちろん男も高度成長のおこぼれにあずかったはずである。ただし組織のなかで働く人が増えたので、権力欲を満たすには、まだ女性より不足があるのかもしれない。

組織人つまりサラリーマンの比率は、昭和の年代とほぼ並行するという。三十年代には三〇パーセント台、四十年代には四〇パーセント台、いまでは七〇パーセントを超えるということになる。組織のなかで働けば、地位は安定する。しかしその反面、自由が減る。

私は東京大学という組織を辞めた。はっきり記憶しているのは、正式に辞めた当日から、突然世の中が明るく見えたことである。組織に勤めていると、長いあいだのことだから本人は気がつかないのだが、さまざまなストレスが常時存在している。辞めたとたんにそれが消えるから、外界が明るくなるのであろう。世の中が明るく見えてから、気がついた。女房にとっては、世界ははじめから明るかったのだ、と。女性の平均寿命が長いわけである。

はるかに深刻な子どもの教育

そういうわけで、少子化自体については、私はべつに心配をする理由がないと思っている。子どもの分まで、元気になった女性が引き受けてくれるであろうからである。それよりも将来に関わる問題は、子どもの教育であろう。そっちのほうが、人数の問題より、はるかに深刻であろう。

いまでは数少ない子どもを、体力にすぐれた栄養のいい女性が、徹底的に面倒を見ている。これでは子どもも大変にちがいない。私が子どもだったころは、大人は食物の入手に忙しく、子どもにかまうどころではなかった。私の家では父親がなく、母親が医者だったから、子どもの私はもっぱら外で遊んでいた。子どもたち同士で遊ぶ。いまでは少なくなったといわれる、年齢の異なった子どもたちの集団である。

年齢違いの子どもたちが集まって、日がな一日、遊んで暮らす。そのどこがいいか。一歳児を三歳児が、三歳児を五歳児が、五歳児を七歳児がというふうに、順送りに面倒を見る。そうして育つ子どもたちのなかで、年上の連中は、自分がついこのあいだまでそうであった状態を、年下の子どもの面倒をみることによって再確認する。つまり学習でいうなら、復習をするのである。さらに面倒を見てもらう年下の子たちは、少し発育の進んだ子どもと接することになる。これはすなわち予習である。異世代の子どもたちが団子になって遊ぶことの利点は、まさに発育の予習と復習を繰り返すこと、現代風にいうならフィードバックを繰り返しながら育つことである。

子どもたちだけで遊んでいるのは、親がつきっきりで面倒を見るのに比べたら、乱暴な育て方だ。いまではそう思っている母親が多いのではないかと思う。私はそれは逆ではないかと思う。子どもの集団のなかで育つほうが、じつは右に述べたように、ていねいに育っているのかもしれないのである。

こうした子育て、というより子育ちの機会が、現代では失われている。兄弟姉妹の数も減った。親の面倒見がよすぎる。それだけではない。私がまさに餓鬼《がき》のころには、いたずらをしては、近所の爺さん、婆さんによく叱られていた。いまの子どもを、他人が叱るのは容易ではない。そんなことをしようものなら、むしろ余計なお世話だと母親から睨《にら》まれるのがオチである。つまり、かつては子育ては共同体構成員全員の関心事だったが、いまではほぼ親だけの権利に変わったらしい。

もともとこの国では、子どもは母親の一部という暗黙の了解がある。だから人工妊娠中絶は倫理問題にならない。その了解が生後にまで延長すると、親子心中になる。相変わらず子どもが独立の人格にならないのである。

自分の一部だと思うから、この世に残していかないのであろう。この感覚をさらに延長したのが、最近生じた保険金目当ての子殺しであろう。ちなみにアメリカ社会では、子殺しは重罪である。

ともあれ、こういう社会で子どもが仮に増えても、いったい子育てはどうなるのか、そのほうが心配である。子どもの数のような問題は、自然のなす業である。人間の浅知恵で余計なことをしないほうがいい。それが私の本音である。

女ばかりがなぜ強いのか

わが国は「女ならでは夜も明けぬ国」

オリンピックの女子マラソンを、出張先の仙台のホテルで見た。もちろんビデオ放送である。

まず思い出したのは「これを楽しむ者にしかず」という、古典のことばである。『論語』だったと思う。努力してなにかをするのは、まあ下である。好んでやるのは、中であろう。だから「これを楽しむ者にしかず」なのである。高橋尚子選手は翌朝五時に、もう走りに出た。そんな話も聞いた。

次に思ったのは、東京オリンピックの円谷幸吉《つぶらやこうきち》選手のことである。こういう悲壮な選手が出る国だと思えば、高橋選手も大変ではないか。いうなれば、気楽に勝ちすぎた。だからまわりの反応がうるさいにちがいない。そうしたら、なんだかそんな雰囲気もあるらしい。その意味では嫌な国、嫌な社会である。

この国では、多くの人がそれぞれに我慢会に参加している。この私ですら、東京大学という強度の我慢会に、数十年にわたって参加してきた。自慢にはならないが、そういう経歴がある。その経験からいうなら、あまり気楽に勝ってはいけない。あまり気楽に生きていると、江戸の仇《かたき》を長崎で討たれる。せめて我慢しているフリくらいしなくてはならない。それが浮世の義理というものであろう。

次に考えた。それにしても、どうして女ばかりが強いのか。朱中国首相の相変わらずのご教示に従っていうなら、歴史をなかったことにしてはならない。それなら天照大神《あまてらすおおかみ》の天の岩戸このかた、この国は「女ならでは夜も明けぬ国」、女が強いのも当然ではないか。

まあしかし、それでは現代人への答えにはならない。それなら環境ホルモンはどうであろうか。これは女性ホルモン作用を持っている。哺乳類はもともと放っておくとメスになるという性質がある。オスは発生の過程で、いわば無理をして作り出されるのである。それなら、女性ホルモン作用を持つ物質が外部環境に増えていけば、男が女性化しても、いっこうにおかしくはあるまい。

しかし、さらに思う。「戦後強くなったのは女と靴下」といわれたのは、ずいぶん以前の話である。あのころにはＤＤＴはともかく、環境ホルモンはまだ蓄積していなかったのではないか。

個人的にも思い出すことがある。私より年長の従姉妹《いとこ》が、戦後しばらくしてから、保母をしていた。近ごろうちの幼稚園では、元気がよくて活発で、よいお嬢さんですねと誉める。大人しくて、よく他人のいうことを聞いて、よいお坊ちゃんですねと誉める。そういったのである。これも環境ホルモンよりかなり以前の話にちがいない。それなら環境ホルモン説はかならずしも成り立たないのである。

「男らしく」「女らしく」は文化だった

そうなると、あとはもちろんソフトの問題、つまり教育である。いまの状況を見ると、これにはいささか思い当たる節がないではない。

いまの男子が元気がないという、身近な例を二つ挙げる。

わが家には、ときどき学生たちがやってくる。平均して、十人中三人は男子である。あるとき学生一行が帰ってから、お手伝いのおばさんが私に尋ねた。なぜ女の子ばかり来るのですかねえ。いや、男の子もいたよ。あら、そうですか、いっこうに気づきませんでした。

その大学に行く途中、今朝はタクシーに乗った。運転手は女性である。近ごろは女性の運転手さんが増えたねえ。そう会話の水を向けると、そうですよ、私は働き出して何年目です、と答えた。続いてこの女性との問答は、以下のとおり。

中年の男の運転手さんたちは、どうでもいい、細かいことを、ずいぶん気にしてますねえ。私たち女性仲間では、まるでオバさんみたいねえ、と悪口をいってるんですよ。いちおう班長なんて決まりがあって、べつになにも実質は変わりはしないのに、班長になったら急に態度が変に堅くなったりして。運転手さん、それをいうなら「オバさんみたい」じゃあなくて、「オジさんみたい」というほうが、むしろ正確じゃないの。

あら、そうですねえ。

いったい、教育のどこを誤ったのか。かつては周知のように、男の子は男らしく、女の子は女らしくと育てた。これはもちろん封建的だというので、戦後はまったく人気がなくなった。しかし「しつけ」や教育というものは、もともと放っておけばそうなるものを、わざわざ教え込むものではなかろう。子どもを放っておいたら、そうはならないからこそ、わざわざしつけ、教育する。そうに決まっているではないか。

もともと女の子は、放っておけば「元気で活発でよいお嬢さん」になってしまう。だから女らしく、おしとやかにと、しつけ、教育する。男の子を放置すれば「大人しくて、よく他人のいうことを聞く、よいお坊ちゃん」になる。だから男らしく勇敢に、元気であれとしつけ、かつ教育する。それが本来のしつけであり、教育であろう。

長いあいだ、男らしく、女らしくと教育したのは、それが作られるもの、すなわち文化だったからである。それを生まれた性質そのままで伸ばそうとする。それにはわれわれの社会がよい実験台だったわけである。そのまま「自然に」育てた結果が、女がやたらに元気で、男がいっこうに元気がない社会になった。それはそれで結構だが、それはおそらく「文化的」ではない。そこにはなんの「手入れ」も存在しないからである。それはすなわち「自然そのまま」ではないか。

わが国の文化的伝統とは、自然に対する手入れの思想だと、私は考えている。自然を放置すれば、アメリカ流の自然、つまり手付かずの自然となる。アメリカ人は考え方が極端だから、人の手がまったく入らない自然こそ、「真の自然」だと考える。

しかし、人の手がまったく入らない自然とは、じつは人とは無関係の自然ではないか。そんなものは、あってもなくても、定義により人間とは関係がない。それなら、それについて考える必要すらないのである。

私の考えでは、自然とは、人が意識的に作り出さなかったものである。その定義に従えば、われわれの身体は自然である。意識的に構築されたものではないからである。身体が自然であるからこそ、都市ではそれに「手を入れる」ことが自然への管理責任を果たすことだと見なされる。

私の身体、すなわち裸体がいかなる様相を示そうと、それを私が意図的に設計したわけではない以上、その様相そのものについて、私は責任をとる必要などない。責任がとれるわけがない。しかし私がその自然を社会に露呈するなら、猥褻物陳列罪《わいせつぶつちんれつざい》で逮捕されるであろう。その場合、私は自分の「身体という自然」について、その管理責任を問われているのである。その背景には、身体という自然は徹底的に隠蔽《いんぺい》されなければならないという、都市社会の暗黙の要請が存在する。その隠蔽責任は私にある。

これは屁理屈のようだが、かなり長年月のあいだ考えた挙げ句の果てに、私が得た結論である。どうせ私は、このていどのことしか、考えられないのである。したがって露出してかまわない部分は「手入れ」を要求される。だからこそ床屋があり、マニキュアがあり、最近では写真の陰画《いんが》のような化粧があるのであろう。あの手の化粧を最初に見たとき、私はあれは写真を撮るための化粧にちがいないと思ってしまった。そのネガを見れば、ふつうの顔に見えるはずだからである。

男は遺伝子の運搬手段に過ぎない

ともあれこうして、男と女という問題は、いまでは文化ではなく、自然に戻った。実態がそうなったのである。それが純粋の自然自体になったとすれば、もはやそれを論じる必要すらない。定義により、純粋の自然とは、人とはかかわりがない中立の存在だからである。

フェミニズムとはおそらく、徹底的な自然主義か、徹底的な人工主義とならざるを得ないであろう。徹底的な自然主義であれば、男女差を突き詰めた挙げ句の果てに、その差を純粋の自然として、つまりは人間世界の外に放逐する。俗に表現するなら、男女の違いなんて、ぜんぜん関係ないだろ、ということであろう。それが問題になること自体がおかしいんだよ、と。男女差が問題になること自体、まだそれが純粋の自然に還元されていないことを意味するからである。

他方、徹底的な人工主義であれば、すべての差異を人工的に操作可能なものに変換しようとするであろう。問題があるなら、男女差を操作してしまえばいいのである。たとえば、いまのところ男は妊娠不能だが、それなら人工子宮を完成すればいい。人工子宮でクローンを育てるなら、女性は要らない。それが可能になれば、自分の意志だけで子どもを持つことについて、はじめて男は「解放」されるであろう。女がギャアギャアいうなら、俺は自分だけで子どもを作るからいい。そう男がいうようになる。

男に元気がないのは、この点も本質的に関係しているように思う。たとえば、英国の進化学者リチャード・ドーキンスは「利己的遺伝子」説を主張した。個体は遺伝子の運搬手段に過ぎない、と。個体は滅びるが、遺伝子は永続すると考えたからである。そうした思潮《しちょう》が現れる世界では、男はさらに萎《い》縮《しゅく》する。どう考えても、男はまさに遺伝子の運搬手段に過ぎないからである。女は遺伝子とともに、細胞質をも与える。

ドーキンスが忘れたのは、永続するのはべつに遺伝子だけではない、ということである。十九世紀ドイツの病理学者ルドルフ・ウィルヒョウはいった。「すべての細胞は細胞から」と。この言明は二十世紀を通じて、破れることはなかった。細胞というシステムもまた、永続するのである。それを担うのは、卵子を持つ女性である。

なぜ女が強いか、それはもはや自明であろう。免疫学者の多田富雄氏は喝破した。「男は現象だが、女は実体だ」と。しかし、実体のみが力を持つ世界を、私は文化とは呼ばない。それはじつは野蛮な世界である。人間が裸で暮らすから野蛮なのではない。実体がロマンに優先する世界が野蛮なのである。金がすべて、力がすべてという世界が、つまり野蛮だということは、かつては常識だった。いまやその常識も疑わしい。女が強いのは喜ばしいことか、私に解答はない。

第3章

「老化」について考える

そもそも歳をとるとはどういうことか

長持ちさせることは可能だが、死ぬことに変わりがない

老化を理解していただくためには、そもそもわれわれの体がふだんどう維持されているか、それをまず理解していただく必要がある。

生物の体とは妙なもので、どこが妙かというと、昨日と今日とで同じ姿に見えるが、じつは部品が入れ替わっている可能性があるということなのである。そこが機械と違うところである。

機械の場合だと、部品が入れ替わるときには、修理という過程が必要である。生物の体でもそれは同じだが、ただし生物の場合には、機械が機能したまま、つまり動きながら修理が進んでしまう。車を修理するときやコンピュータを修理するとき、動かした状態で修理することはまずないであろう。車な

ら車庫に入れ、コンピュータなら電源を切る。生物の場合には、スイッチが入ったままなのである。

どうして動かしたままの修理が可能か。それをお考えになったことがあるだろうか。生物の本で、そのことが書いてある本は、あまり見たことがない。そう私は思う。宣伝ではないが、私が最初に書いた『形を読む　生物の形態をめぐって』（講談社学術文庫）という本に、私の見方は書いてある。

機能したまま部品を入れ替える。それが可能になるのは、部品が一つではもちろんダメである。つまり同じ機能を果たす単位が並列して複数ないと、動かしたままでの修理はできない。仮に同じ単位が十個あったとすれば、そのうち九個が動いているあいだに、残りの一個を交換する。理論的には、そういうやり方をするしかない。

われわれの体は、十兆を超える細胞の集まりである。その細胞は、一万種類に達するといわれるタンパクをはじめとして、多糖類、核酸などの高分子、水、無機塩類その他の低分子を含む、おびただしい種類の分子からできている。心臓は一つしかないから、それが停止すれば万事終わりだが、心筋細胞は多数あるから、一割が休むことは可能である。分子はもっとはるかに多いから、当然休みがたくさん取れる。そういうわけで、構造の階層が下るほど、「動かしたまま部品を交換する」ことが簡単になる。いい換えれば、しかし、生体は機械に比較して、とてつもなく複雑だということにもなる。

細胞の交換は、細胞の増殖によって行なわれる。肝臓は一割ほどしか残さず切り取っても、じつは問題がない。残りの細胞が増えて、元の大きさまで回復するからである。心筋細胞や神経細胞では、そうはいかない。ほとんど増えてくれない。減る一方ということになる。だからそういう器官が「老化して」、最後に一生の終わりということにもなる。

分子はどうかというなら、低分子は外から補給すればいい。高分子は細胞が自分で作る。

ところが、高分子は時間が経つと、その一部が壊れる。化学変化するのである。とくに酸化されやすい。大きな分子は大きな構造物だから、作るのにコストがかかる。高分子の一部が変化したとき、全部を捨てるのはムダである。だからそれを修理する機構も、細胞はちゃんと備えている。

しかし、修理する機構それ自体も、高分子でできている。だからそれも故障する。修理機構の故障を修理する機構が必要になる。それも故障するはずだから、と続けていくと、際限がない。

ともあれ、ハエの寿命を遺伝子操作で延ばすことができるようになったのは、もう十年以上も前からである。なにをしたかというと、高分子の修理に関係する酵素の遺伝子を導入して、修理機構の「量」を増やしたのである。そうしたら、ハエの寿命が倍になった。もちろんおわかりだろうが、部品を修理すれば長持ちはするが、最終的にやはり壊れる、つまり死ぬことには変わりがない。

老化の根本問題はここにある。修理機構をいじって長持ちさせることは可能だが、個体が死ぬことに変わりはない。

細胞は死なないが、個体は滅びる

それでは死ぬとは、どういうことか。

細胞は死ぬだろうか。じつは死なない。私はそう思う。十九世紀のドイツ、ヴュルツブルク大学の病理学教授だったルドルフ・ウィルヒョウは「すべての細胞は細胞から」という有名なことばを述べた。これは二十世紀を通じてまったく訂正されなかった。細胞は細胞から生じ、その系列は途切れたことがない。さらにわれわれの知るかぎり、細胞が無機物から自然に生じた例もないし、人工的に細胞が作られたこともない。

じゃあ、ヒトはなぜ死ぬか。個体は滅びるのである。だから生殖細胞を作り、それが子どもになって、それがまた子どもを産んで、というふうに連続する。つまり生殖細胞は続くが、個体は続かない。さらにいうなら、現代では細胞ではなく、遺伝子が連続して生き延びているという考えが強い。遺伝子は永続するが、個体は滅びる。だから個体とは遺伝子の運搬手段に過ぎない。それが『利己的な遺伝子』の著者リチャード・ドーキンスの考えである。

ドーキンスが忘れていることがある。それは右に述べたことである。「すべての細胞は細胞から」。つまり細胞も連続していて、滅びたことがない。細胞という「生きたシステム」およびそれが利用する情報としての遺伝子、両者は滅びたことがないのである。

ただしこの両者は、まったく違う性質のものである。遺伝子はDNAつまり化学物質だが、細胞はたいへんな数の分子からなるシステムである。私はシステムということばは、もともと細胞のような性質をもつものを指すと考えている。

物質は単離して取り出すことができる。取り出した状態では、そのまま「動かない」。いうなれば、いつまでたっても、粉のままである。皆さんの体から遺伝子、つまりDNAを取り出して、ビンに入れておく。それはいつまでたっても、DNAという粉のままである。これはじつは情報の特徴である。

情報とは動かず、固定したものなのである。

細胞は違う。ひたすら動く。冷凍でもしないかぎり、動きっぱなしで止まらない。止まらないだけではない。じつはおそらく二度と同じ状態をとらない。物質なら同じ状態で留まる。

経済システムやコンピュータでいうシステムも、「動く」ものを想定している。複数の要素からなり、それが上手に組み合わさって特定の機能を果たす。そういうものをわれわれはシステムという。その元になっているのは、生物であろう。その生物の基本的性質を備えているもの、その最小単位が細胞である。だからシステムとは、要するに「細胞みたいなもの」を指すのである。

細胞は滅びない。個体も細胞と似たシステムだから、滅びないようにすることができないか。できないとはいえない。しかし、細胞という生きたシステムを、われわれはまだほとんど理解していない。すでに述べたことでおわかりであろうが、細胞はきわめて複雑なのである。昨日も今日も同じような姿だが、構成要素はいつも入れ替わっている。そんな機械をわれわれは作り出すことができるか。

いまのところは無理である。ヒトをあるていど生き延びさせることはできる。しかし、死なないようにすることは、とうていまだ無理なのである。

「老化」という現象が存在するわけではない

なぜ老化するかを調べると、じつにさまざまな意見があるとわかる。ということは、正解がないということであろう。こういう場合、科学の常識では「まだ解答がわかっていない」という。しかし、これもよくあることだが、「質問が悪い」という場合もある。

自然のできごとはすべてそうだが、切断することができない。生まれてから死ぬまで、人生のどこかに切れ目があるわけではない。じつは生まれる十カ月前、受胎の瞬間から死ぬまで、人生は連続した一つの過程である。それを胎児とか乳幼児とか、若者とか年寄りというふうに「分ける」のは便宜上であって、それ以外の意味はない。だからとりたてて「老化」という現象が存在するわけではない。死も同じである。脳死の議論ではっきりしたことの一つは、ヒトはいつ死ぬか、それに論理的解答はないということだった。社会的解答しかないのである。

死亡診断書には死亡時刻という欄がある。だから死亡時刻があるので、さもなければ十兆を超える細胞の全部が確実に死んだ時刻など、記録できるはずがない。適当に決めているのである。脳死は死の定義が問題になったから、たとえば「竹内基準」というように、うるさく吟味される。しかし、ふつうの心臓死を脳死の場合のようにていねいな基準で吟味したら、医者はうっかり「ご臨終です」などといえなくなるはずである。いわゆる心臓死は、慣習的な死であるから、平気で決められる。心臓死の場合、脳の細胞がすべて死んでいるなどという保証はまったくない。脳死のほうが心臓死の場合より脳の壊れが著しいことは、常識で考えても明白である。

神経細胞を例にとろう。神経細胞は一日十万個死ぬという話がある。それなら百日の桁で千万単位、千日の桁で億単位である。人生百年として三万六千日、万日の桁なら十億単位である。ところが、神経細胞の数は大脳皮質だけで千億といわれるから、一日十万個つまり十億死んでも、なくなるわけではない。

それなら神経細胞はいつから死に始めるか。胎児のときからである。感覚や運動に直接に関わる神経細胞は、非常に早期に分化する。こうした細胞では、胎生期にすでに細胞死が生じる。生まれるまでには、分化した神経細胞の何割かが死んでしまうのである。

この細胞死は、遺伝的にプログラムされているらしい。いわゆるアポトーシスなのである。その機構もわかってきていて、遺伝子を操作してこうした死を防止することもいまでは可能である。防止したらどうなるか。なにか具合が悪いことが生じるはずである。細胞が死ぬのは、それなりの理由があるはずだからである。それを生かしておくことは、いまはわからないにしても、なにか不都合を生じるにちがいない。

じつは個人の老化や死も、同じだと思われる。個体が長持ちすることが進化上有利であるなら、とうの昔に長持ちするようになっていたはずだともいえるからである。それを人為的にいじることは、長期的にはいわゆる公害問題あるいは環境問題を引き起こす。しかし人間は勝手なものだから、炭酸ガス問題のように、どうにもならなくなるまでは欲でしか動かないのである。

なぜ高齢化が問題になるのか

日本ではもちろん高齢化社会が問題となっている。これには戦後のいわゆる団塊の世代の人口が多く、それが老齢化すること、出生数がどんどん少なくなって、若年層が減少すること、その両者が関係している。この「問題」は、見ようによってはもちろん問題ではない。なぜなら五十年待てば高齢者が死んで、問題自体が解消してしまうからである。

日本社会の高齢化はとうの昔に進行していた。それは過疎の村に行けばわかる。若者が外に出てしまい、年寄りだけが残る。そうした村が日本中にどれだけあったか、おそらく新聞や雑誌にはほとんど載らなかったであろう。それはジャーナリズムが都会のものであり、ゆえに都市に老齢化が及ぶまでは、「問題」として意識されなかったからである。

私は二十代の後半、奄美大島でフィラリアの検診に従事していたことがある。島の隅々までまわって、すべての住民の血液検査をした。したがって当時の僻地《へきち》の村の人口構成を知っている。それは義務教育までの子どもと、四十五歳以上の大人というものだった。完全な中抜け状態で、抜けた人たちはほとんどすべて関西方面に働きに出ていたのである。だから高齢化社会であると同時に子ども社会だった。村の大きな屋敷はしばしば空き家であり、このあいだまで婆さんが住んでいたが、いまは空き家だよ、という家がすでにあった。そうした傾向が都市に及んで、やっと高齢化が「問題」になってきたのである。

右のように解釈すれば、社会的な高齢化問題への解答は、「待ち」の一言に尽きる。個人の一生についてみれば、五十年は長い。しかし、生物進化や社会の変化でいうなら、五十年は短い。高齢化社会は問題だといっても、これは一過性のものである。とりあえずの対症療法は、いろいろあるかもしれない。しかし根本的な解決などない。それは戦争の時代に生まれた人が、若いときに死ななければならなかったのと、似たことである。生まれてきた時代が悪かったというしかない。

じつは高齢化社会や老化の医学が問題にされることについては、世界的な背景があると私は考えている。それは急速な都市化である。脳化といってもいい。都市化した社会では、考え方として人々は自然を認めず、意識中心に生活するからである。生まれるにしても、歳をとるにしても、病気にしても、死にしても、まあ、自然に任せておこう、という世界ではない。どうしたって、思うようにしたいのである。それに拍車をかけている事情がある。それは都市が人工物のみでできているということである。そこで暮らしていれば、すべては人の思うがままという感覚が当然とされて不思議はない。思うがままにならないのは、「まだ遅れている」からなのである。科学がまだ遅れている、社会システムが遅れている、教育制度が遅れている、等々。

ところがヒトの生老病死は自然であって、根本的には意識で統御可能なものではない。それを意識的に統御しようとするのが、たとえば老化を防ごうとか、遺伝子を操作してしまおうというタイプの医学なのである。自然環境については、さすがに公害問題、環境問題を経て、自然をあまり意識的にいじっては具合が悪いということが、なんとなくはわかってきた。ところが身体が自然だという感覚はまだ薄い。だから現代の老化防止の医学は、環境問題を引き起こしたことを、今度はヒトの身体でやろうとしている。私にはそう見える。

生老病死とは、いわゆる四苦八苦の四苦である。私の好きな釈迦《しやか》の説話に、「四門出遊《しもんしゅつゆう》」というのがある。釈迦が若いときに、自分が住んでいた城を出て遊ぶという話である。城とは城郭都市のことである。城郭は四角いから、門が四面にある。要は最初の門を出て赤ん坊に会い、次の門を出て老人に、第三の門を出て病人に、最後の門を出て死人に出会う。ただそれだけのことである。しかしこの意味は重要である。都市の人は、その四つに出会ったことがない。それを諭している話なのである。

都市とはそういうところである。そこに住むかぎり、ヒトは自らが抱え込んでいる自然、すなわち生老病死に気づかない。だから釈迦は後に都市を出て菩提樹《ぼだいじゅ》の下で悟りを開く。釈迦は都市を出て、自然に戻った人である。仏教が人の煩悩《ぼんのう》、欲望を去れと教えるのは、基本的には都市批判、脳化批判なのである。私はそう思う。それが現代の参考にならないはずがない。もっともそれは私が説くべきことではなく、お坊さんが説くはずのことなのだが。

昔の人はなぜ隠居したのか

老人は機械の操作に適応できない

昔の人が隠居したのは、どういうわけだったか。それをときどきボンヤリと考える。とくに一所懸命考えなければならないという話題でもない。

歳をとって疲れるからだ。まずそれがあるかと思う。自分のことを考えても、還暦の前後から、たしかに疲れやすい。老年になっても、現役のまま無理をしていると、脳卒中になるかもしれない。そういえば元首相の小渕恵三さんも倒れた。なにもこの歳になって無理に働くことはない。

さらに思う。どんな仕事であれ、社会的なことであれば、自分の代わりはいくらでもいる。小渕が倒れたら森が立つ。森が倒れたら、だれかが立つであろう。同様に、私が死んだところで、世の中は無事に動いていく。

そういう気分になれば、目を吊り上げて働こうという気にはならない。せいぜい女房に尻を叩かれてていどの動機しか、もはや私にはない。その女房も私と同じように歳をとってくるから、まあ適当でいいワといってくれる。それなら隠居で十分だということになろう。

その次に、具体的に働きにくくなる事情が、老人にはいろいろある。私はパソコンを使うが、もはやそんなものは使えないし、そもそも使う気がないという人も多いはずである。私がパソコンを使うのは、比較的早くから原稿を書くために使っていたからである。原稿書き以外の使い方になると、やっぱり面倒くさい。さまざまな環境が、老人にはもはや適応しにくいものになってきている。

老人の不適応がいちばんはっきり出るのは、機械的操作である。新車を扱わせると、娘はあっという間に適応しているが、女房だとあちこちのスイッチを間違って押している。窓を開けるつもりで、後ろのランプをつけたりしている。カーナビなんぞ使わせたら、そちらに気を取られて事故を起こすにちがいない。ビデオの録画に至っては、中年過ぎの夫婦はたいていダメであろう。どのボタンを押したら、なにが起こるか、まったく理解できない。

そもそもボタンを押すというのは、それ自体にはほとんど意味がない作業である。核戦争を起こすための最終的な手続きだって、アメリカ大統領がボタンを押すことになっている。玄関のチャイムもボタン。核戦争と玄関のチャイムが同じ手続きになるような抽象的な世の中は、老人には生きづらい。

こういう生きづらさが、過去にあったか。そう思うと、現代特有であるという気もしないではない。昔は生活がもっと具体的だった。子どものころは、竈《かまど》で飯を炊く、風呂を沸かす、いずれも私の作業だった。母が開業医で忙しく、家事はやらなかったからである。それがいまでは、ボタンを押したら、いずれも自動的に進行する。それは昔の人の夢だったかもしれない。それが実現してみると、生活はわけのわからないボタンだらけになり、便利なのか不便なのか、わからなくなってしまった。

社会システムがもはや理解できない

そうした具体的な問題の上に、さらにいちばん問題になることがある。それは社会システムである。これもひたすらややこしくなる。年金なんて、だれがどう支払っているのか、もはや私には理解できない。自分の年金がどうなのか、それもわからない。調べるのも面倒くさい。もらえるのか、もらえないのか、放っておいたらなくなるものか、そう思っただけでも面倒くさい。

私の母親は、死ぬまでいちおう働いていた。だから私も死ぬまで働けばいいのだろうと、どこかで思っている。あるとき、その母に、働けなくなったらどうする、と訊いたことがある。そうしたら、野垂れ死にするという答えが返ってきた。私自身も、どこかでそう思っている節がある。

母は年金らしいものを、結局もらわなかったはずである。一生開業医だったからである。老年でも仕事ができる人はうらやましい。そういう人がいる。

しかし、老年になってどういう仕事をするか、それを考えてこなかったとすれば、それは当人の責任かもしれない。アリとキリギリスの話を思い出す。もっともだれがアリで、だれがキリギリスか、そこがよくわからない。

長らく大学に勤めていると、教育の世界も住みづらくなってきたことがよくわかる。よくいえば、きちんとしてきた。あるいはシステム化してきた。悪くいえば、どうでもいいことだけが、ひたすら肥大化してきた。

年輩の先生がよく文句をいうことの一つは、シラバスの作成である。私が学生のころには、そんなものはなかった。そもそも教わったことがないから、シラバスということばの意味がわからなかった。どうも授業内容の予定のことらしい。それがなんとなくわかってきた。

学期のはじめに、あらかじめそれを提出せよという。面倒くさいからそんなものは書かない。以前はそう頑張った。いまは面倒くさいから書く。書く面倒よりも、何度も催促を受ける手間のほうが、よほど面倒だとわかってきた。実際に授業をすることよりも、授業の準備についての催促への対応のほうが、私の負担になっている。こういう書き方をすると、読者も理解しづらいであろう。実際に理解しづらい世の中なのである。シラバスは書かない。だが授業は面白い。それでどこがいけないのか。シラバスを書こうが書くまいが、面白いことは面白いし、つまらないことはつまらない。そんなことは、わかりきったことであろう。システム化はその単純な理解を妨げる。

税金なんか、とうの昔に理解を超えている。私は税金に関心がないが、女房が強い関心を示す。かつて自分で税務署に行って、追徴分を話し合いで決めて帰ってきたことがある。その額を聞いて、税務署に払うなら、私によこせと女房に追及されてしまった。以来、専門家を頼んで私は関わらない。関わったら、自分で怒り出すに決まっている。この歳で腹を立てると、寿命が縮む。税金を払った上に税務署のために寿命を縮めるのでは、私は丸損である。君子は危うきに近寄らない。

税理士や会計士のように、税の専門家が必要になるということは、すでにシステム化が進んだということである。ときどき国民は税に関心を持てという意見が出る。関心を持ったところで、システムが変われば、また勉強をし直さなくてはならない。そこが専門家の有利な点である。自分の仕事だから、勉強をし直す手間も仕事のうちである。素人はそんなことをしても儲からない。だからどこかで勉強をあきらめる。いったんできあがったシステムは、専門家を必要とするように必要とするようにと、こうしてどんどん肥大する。

社会システムは遺伝子の生存にとって適切か

システムということばは、中立的な印象を与える。だから従来のいくつかの表現を置換《ちかん》しつつある。たとえば、生きものの作るシステムは、遺伝子にも生態系にも使われる。「系」という表現が具体的なシステムの翻訳語としては適当であろう。

システムという用語は、まず英語のなかで普及した。たとえば生物学の領域では、かつては、といっても二、三十年前までは、オーガニゼイションという用語のほうが使われていた。ご存じのように生物自体はオーガニズムであり（オーガズムではない！）、そうした生物の示す特有の構成原理をオーガニゼイションと呼んだ。このことば自体も結局は上手な日本語にならなかった。「組織」とか「組織化」と呼ばれもしたが、それでは意味がずれてしまう。編制という訳語もあったが、ほとんど使われなかった。それがいまでは、システムということばに置換されたのである。

生物学の場合にシステムという表現が好まれたのは、オーガニズムということばに含まれた生気論的色彩が嫌われたのであろう。システムのほうが無機的で中立的な感じを与えるのである。つまりシステムのほうがより科学的、客観的ということらしい。ジェネティック・システムつまり遺伝子系、エコロジカル・システムつまり生態系などの表現は、いまでは生物系の書物に頻出する。これが社会的「システム」の表現に蔓延《まんえん》してくるのも時間の問題だったわけである。システムという中立的表現は、社会のシステムを論じるのにたいへん都合がよかった。組織や編制のような用語は、すでに手垢《てあか》がついていたからである。

社会は私の考えでは、脳が作り出すものである。アリの社会と呼ばれるものであれ、チンパンジーの社会であれ、それを脳が作り出すことは疑いない。多くの生物学者は遺伝子が基本だといまでは考えている。だから米国で論じられる社会生物学やとくに進化心理学では、社会の問題を遺伝子の問題に還元しようとする傾向が強い。それは短絡《たんらく》である。

アリの社会があああいう形態をとっているその直接の要因が、アリの脳にあることは疑いない。実際にやってみなくても、小さいとはいえ、アリの脳を変更すれば、個体であればその個体は巣から排除される。遺伝子をいじって、巣全体の個体の脳を変えれば、全体の行動が変化するにちがいない。それならアリの行動を直接に決定しているのは、アリの脳に決まっているのである。

その脳を決定しているのは遺伝子である。そういう反論が予想されるが、アリの場合にはそれを認めてもよい。しかし、アリといえども学習をする。ミツバチであれば、さまざまな学習をすることも、年齢によって行動が違うことも、すでにわかっている。そうした変化は脳の変化であって、遺伝子の変化ではない。

ヒトを考えれば、遺伝子と脳の乖離《かいり》が昆虫の場合よりはるかに大きくなっていることは、もはや一目瞭然であろう。だから遺伝子の塩基配列ではヒトとチンパンジーはほとんど同じであるのに、両者が作り出す社会はまったく違う。その違いは脳が生み出したものである。

現代の社会的システムは、ヒトの脳が生み出した。それが自然、つまり遺伝子の生存にとって適切か否か、そこが問題になっているのである。自然は脳が生み出さなかったものだからである。相変わらず唯脳論の世界は、グローバル化と称してどんどん進行している。よく誤解されるからいっておくが、脳がすべてだといっているのは私ではない。システムを維持しようとしている、すべての現代人なのである。

第4章

「都会と田舎」について考える

田舎暮らしを望む人

母はなぜ都会に出たのか

この都市化の現代に、田舎暮らしを望む人など、本当にいるのだろうか。ときどきマスメディアに取り上げられる例がある。最近でいうなら、「帰農」村というのが報道された。都会でサラリーマンとして働いてきた人たちが、定年になるか、定年に近くなって、以後の人生を百姓暮らしをして過ごしたいと考える。そういう人たちが集まった村があるというわけである。

そういう村が現にあり、それが報道されるということは、ともあれ田舎暮らしを望む人がいるにはちがいない、という証拠になる。しかし、逆にいうなら、それがわざわざ報道されるということは、そういう事態にニュース性があるということである。つまり田舎暮らしを好むのは、あまりふつうにあることではない、ということであろう。

以前はどうだったであろうか。私が子どもだったころは、都会に出て成功しなければ、故郷《くに》に帰って百姓をやりますというのが、人々のごく当然の言いぐさだった。つまり農村人口が世間の大部分を占め、そこから一部の人が都会に出たわけである。私は昭和十二年生まれで、サラリーマンの労働人口における時代の比率は、一〇パーセント台だったはずである。あとはほとんど、いまでいう自営業だった。

私の母の実家は神奈川県の田舎にあった。いまだにその町には鉄道がない。駅から歩けば三里、十二キロである。私の母は一九〇〇年生まれで、九十五歳で死んだ。母の子どものときの思い出は、日露戦争勝利の提灯《ちょうちん》行列だといっていたから、いかに古い話かわかるであろう。その時代から人は都会に出た。母はその一人である。

母は三人姉妹の長女だった。そのまま田舎にいれば、婿《むこ》をとって農家を継ぐことになる。それがいやで家を出て、女学校から女子医専に入り、医者になった。いまの東京女子医科大学である。当時の女子医専は「姥捨《うばす》て山」と呼ばれていたという。嫁に行くのは十代の終わりがふつうだったから、卒業が二十歳をかなり超える女子医専では、嫁の貰い手なんかないのが常識だったらしい。

それなら母はなぜ都会に出たのか。

その理由は明瞭である。田舎風の人事、つまり人間関係の取り決めが嫌いだったからであろう。田舎にはさまざまな面で古いしきたりや考え方がある。田舎に住む以上は、それに従わねばならない。母はそれを嫌ったらしい。若いときに麦畑の真ん中に寝ころんで、空を見ながら、自分の人生は自分だけのものだと悟った、というのである。

似たような世代の人の言い分を聞いてみよう。日本の農村を徹底的に悪くいったのは、たとえば坂口安吾である。戦中から戦後の一時期には農村文化などという言葉があった。それについて安吾はいう。

一口に農村文化というけれども、そもそも農村に文化があるか。盆踊りだのお祭礼風俗だの、耐乏精神だの本能的な貯蓄精神はあるかも知れぬが、文化の本質は進歩ということで、農村には進歩に関する毛一筋の影だにない。あるものは排他精神と、他へ対する不信、疑ぐり深い魂だけで、損得の執拗な計算が発達しているだけである。（中略）

日本の農村は今日に於ても尚奈良朝の農村である。今日諸方の農村に於ける相似た民事裁判の例、境界のウネを五寸三寸ずつ動かして隣人を裏切り、証文なしで田を借りて返さず親友を裏切る。彼等は親友隣人を執拗に裏切りつづけているではないか。損得という利害の打算が生活の根柢で、より高い精神への渇望、自我の内省と他の発見は農村の精神に見出すことができない。（『続堕落論』）

坂口安吾は私の母より六歳年下である。つまり明治時代に小学生だった世代にとって、田舎はこのように、しばしば唾棄《だき》すべき場所だったのである。

こうした田舎が都会人の目を通して、それとして最後に描かれたのが、きだみのるの『気違い部落』連作であろう。これらの作品に描かれている村は、じつは私の母方の祖母の実家があった村の隣村で、そこに母の従姉妹が嫁に行っている。きだみのるは「部落の人間が関わりを持とうとしないものが二つある」と述べる。それは駐在と税務署だ、と。その二つだけが、村までわずかに届いた国家の手なのである。戦前であればこれに徴兵が加わっていた。そうした国家の手を除けば、村は伝統的に自治の単位だった。だから生活を律していたのは、暗黙の村のしきたりだったのである。

たとえば、現代社会で時にいわれる日本的悪平等とは、じつはこうした村落共同体のしきたりの名残《なごり》である。そう私は考えている。こうした共同体のルールは、脳死問題にも如実に表れた。しかし人によっては、それをまったく理解しなかったらしい。私に対する反論から、それがわかる。都会に住んで、自分は都会人だと思っているから、まさか自分が村落共同体の規則に従って思考し、行動しているとは、夢にも思っていないのである。だから私が、あなた方はこう考えているでしょうがと説明するのだが、それをまさか自分のことだとは思えないらしい。そういう人たちに対しては、言論では手に負えないというしかない。私にしたところで、相手の考えの前提をなぜ私が説明しなければならないのか、それがわからなくなる。

ともあれ『気違い部落』は戦後の作品だから、そのころにはまだ伝統的な村落共同体が、かろうじて現実に生きていたことがわかる。安吾にしても私の母にしても、その雰囲気を嫌ったのである。

都会となにが違うのか

こうした村落共同体は、現在生き残っているところがあったにしても、ほとんどが過疎地になった。若者が出ていってしまうからである。出ていく理由は明瞭である。一つは安吾や私の母と同じ理由、田舎はウルサイ、都会は自由、田舎に文化の香りはない、そんなところであろう。さらにもう一つ、村に残っても仕事がない。農業を継ぐといったって、昔から次男坊以下は仕事に困ったのである。いまは現金万能の時代だから、現金収入の乏しい田舎では、どうにもならない。商業も同じである。過疎になるから、店が成り立たなくなる。さらに人々はスーパーや大店舗に集まる。

今年の連休は、北海道の田舎で過ごした。田舎といっても、行政の定義ではともあれ町である。それでも東京近辺から訪れて驚くのは、昼間人口の少なさである。広々とした明るい風景のなかに、人っ子一人、見あたらない。連休私は鎌倉に住んでいるが、連休のあいだは、ほとんど外に出られない。連休でなくたって、家の前に出たとたん、百人からの大部隊に出会って仰天することはしばしばである。家の前にある寺を見学に来ている老人たちである。

過疎地も老人が多いが、広いところに老人がまばらに撒《ま》いてあるという感じである。鎌倉になると、狭いところに老人が詰まっている。老人の缶詰みたいなものである。要するに都会とは人が集まるところというしかない。

とはいうものの、まずこのあたりの事情から、農村への回帰が始まるらしい。田舎も悪いことばかりではない。都会は人が多すぎて、それなりにうっとうしい。たとえば、鎌倉は都会と田舎の中間である。だからなんとなく両者の長短が見える。

私にとって、鎌倉は生まれたときから住んでいる狭い町である。その意味では田舎である。そういう狭い土地に長く住む場合の人間関係のうっとうしさは、しかしべつな利点を持っている。たとえば、家を買ったときだが、私はなんの心配もしなかった。売り手も不動産屋も、親の代から知っている人たちである。知っているだけではない。それぞれに共通の知人がある。これならまず騙される心配はない。いわゆる世間の常識から、価格がずれる心配もない。現に気に入った場所が、適切な価格で手に入った。

都会暮らしでは、そうはいかないであろう。隣はなにをする人ぞというのは、たしかに気楽だが、なにかを他人に知られないで住んでいるということは、逆転すれば、だれかが悪いことをしていても、当方にはわからないということである。錯綜《さくそう》した面倒な人間関係のなかで、長いあいだおたがいに辛抱して暮らしているということは、ある意味では保険をかけているということなのである。

ゆっくりしたテンポが田舎暮らしの利点

その意味では、もともと他人である夫婦と似たようなものであろう。長く一緒に暮らしているから、気心が知れて安心である。若いときはそれに気づかない。もちろん若者にもともと保険は似合わない。

さらに都会は変化が激しい。人々の行動が素早い。江戸時代ですら江戸の人は「生き馬の目を抜く」といわれた。当時の田舎の人から見れば、おそろしく俊敏《しゅんびん》に見えたのであろう。田舎の人が都会に出てまず驚くのは、人々が歩く速さである。日本では東京と大阪であろう。ニューヨークも速い。ニューヨークに至っては、ただ速いどころか、朝の四時ごろから走りまくっている。時差ボケで眠れないから、セントラル・パークに早朝立っていると、目の前をジョギングの人たちがどんどん通り過ぎる。走り終わってから勤務先に向かうのかと思うと、私はほとんど目が回る。

トロントのホテルでリムジンを頼んで、ナイヤガラまで往復したことがある。そのときの運転手は、以前はアメリカで働いていた。しかしカナダのほうがいい、と帰ってきてしまった。そんな話をする。カナダとアメリカとどこが違うかと聞いたら、生活のテンポが違う、それだけだ、といった。もちろんカナダのほうがゆっくりしているのである。

こうしたテンポが医学・生物学的に、どのように決まるのか。この問題をだれか調べているのかどうか、私は知らない。ともあれ、ある年齢になると、こうした忙しい生活に耐えられない人が多くなる。年寄りはそもそも変化を嫌う。私の母は居間のテレビの位置をわずかに動かすことも嫌った。体力がなくなるので、新しい状況に適応するのが面倒なのであろう。こうしたゆっくりしたテンポ、それが田舎暮らしの大きな利点である。

安吾や私の母が考えていたような田舎は、いまではおそらくほとんど消えた。戦後の営々とした経済発展のなかで、ある意味で徹底的に都市化したからである。国家は都市から税金を集め、土建業を通じて田舎に投資した。その結果、公共の設備は田舎ではたいへんよくなった。鎌倉は財政上はいわゆる黒字の自治体だから、国の地方交付金はほとんどない。したがっていわゆる田舎の町に比較すると、公共のサービスは意外に悪いのである。

北海道を旅していると、ほとんど車の通らない立派な舗装道路が四通八達《しつうはったつ》している。いちおう農道や林道という表示が出ていたりする。予算がどの筋から出ているか、それを明瞭にするためであろう。土地の人はあれはクマが通るためだと笑っている。

文化がないというが、店にしても、スーパーのない田舎町はない。どこであれ、現代の「文化」は同じである。テレビや車はいうまでもない。公民館、スポーツ施設、レクリエイション施設のたぐいは、田舎ほど立派である。

そうした利害からいうなら、田舎暮らしはけっして損ではない。それならなぜ都会に出るかというなら、すでに述べたように、仕事の問題なのである。

働き口さえあれば、いまでは田舎のほうが住みやすいというのは、ほとんどの人が同意することであろう。

都市の生活はエネルギーを要求する

日本の現代社会は奇妙なモザイクを構成している。まず第一に、頭のなかは相変わらず村落共同体である。だからグローバリゼイションなどという、きわめて都市的なやり方を突きつけられると、まったく混乱してしまう。他方、具体的な生活様式は、典型的な都市型である。車、テレビ、パソコンその他、いうまでもないであろう。そのなかで自分はどう暮らしたらいいのか、それがわからない人が増えているにちがいない。それでなければ、そもそも「田舎暮らしをなぜ好むか」などという原稿の注文が、人もあろうに私に来るはずがない。

こうした都市型社会を成立させているのは、身も蓋《ふた》もなくいうなら安価な石油である。戦争を記憶している世代なら、「石油の一滴は血の一滴」という標語を覚えておられるかもしれない。その事情はべつにいまでも変わりはしない。ただ現在の状況が当時といくらか違うとすれば、石油が十分に供給されているだけのことなのである。

都市の生活はエネルギーを要求する。これはほぼ絶対的な要求である。経済や文化で都市と田舎を比較するより、「理科的に」いうならエネルギー消費で比較すべきであろう。ここ数十年、エネルギー消費全体のいわば底上げが起こったために、日本の都市化は徹底的に進んだ。本当にそれだけのことであろう。そう思えば、「石油の一滴は血の一滴」といって戦争に入ったのは、後知恵でいえば、馬鹿みたいなものである。ただ我慢して、中近東の石油がどんどん出回るまで、ひたすら待っていれば済んだのである。

都市化が進んだのは石油のおかげだから、都市化するのは日本ばかりではない。アメリカもヨーロッパも、そのために都市化が進んだのである。古代都市のように森林つまり木材をエネルギー源にしていたのでは、すぐに都市文明の末路が来る。現代のアジアの繁栄もまた、根本的には石油のおかげである。

先行きどうなるかというなら、エネルギー消費はどうしても天井を打つはずである。これから田舎暮らしを勧めるとすれば、それがもっとも根本的な理由になる。ただしエネルギー消費が天井を打つのはいつか、それがわからない。公害がブレーキをかけていることは間違いないが、高エネルギー消費という趨勢《すうせい》は、まだしばらく続くはずである。それをしないと政治も経済も潰れてしまうと、だれもが思っているからである。

それなら田舎暮らしは、いまのところやはり個人の趣味であろう。すでに述べたように、田舎に暮らそうが、都会に暮らそうが、いまではその実質にさしたる違いはない。私はちょうど両者の中間に住んでいるが、いまとなってはどちらでもかまいはしない。あれこれただ考えているうちに、寿命が来るのは間違いないからである。

「都市主義」の限界

大学紛争とはなんだったのか

多くの人はもはや忘れてしまったかもしれない。しかし、三十年を超える私の東京大学での生活で、私自身が関わったもっとも印象的な社会的事件といえば、いわゆる大学紛争だった。この問題がややこしくなり、新聞などで大きく報道されるようになったのは、昭和四十二年（一九六七）のことである。それからすでに三十年を経過したことを思えば、いまさらなにを持ち出すかと思われるかもしれない。とくにいまの若者に紛争の記憶などまったくないことを思えば、過去は過去として葬《ほう》ればいい。そう思う人も多いであろう。

私事とはいうものの、私の大学での職業生活は紛争に始まり、その後始末に終わった。そんな気がするのである。私が大学院の課程を終え、助手に任官したのは、この紛争が始まった昭和四十二年だった。給料を貰いだしたとたん、あの騒ぎに巻き込まれ、その後二十五年以上、要するにこの騒動の後始末のなかにいた。私自身はそう感じている。

紛争時に限らず、私の在職中の大学の状況は、公平にいって酷《ひど》いものだった。たとえばその間、ほとんどの設備は新しくなっていない。世間が高度成長のただ中だったことを思えば、その間に大学と世間とのあいだで生じたギャップには恐るべきものがあろう。大学関係者からも世間からも、それがある意味で当然だと思われたのは、医学部があれだけの大紛争を引き起こした当事者と見なされていたことが大きい。

逆にいうなら、そうした状況にもかかわらず、なんとか東大、さらには東大医学部が持ちこたえたのは、ひょっとすると世間一般の常識に反して、当時の大学関係者が多大の努力をしたからではないかと思う。もちろんべつに新しいことをしたわけではない。ともあれ現状を維持するのに、ひたすら努力を傾注《けいちゅう》したという意味である。優秀な人たちというのも考えものだと、当時の私はよく思った。酷い状況でも、なんとかやりくりしてしまうのである。その後大学では、これほどの騒動は起きていない。歴史やジャーナリズムは、要するに「起こったこと」を書く。しかし「起こらなかったこと」は書かない。ゆえに「なにかが起こらない」ために人々が傾注した努力は、しばしば「なかったもの」にされてしまうのである。

世間の人が、紛争後の大学人が苦労したとは思っていないであろうことも、私はよく知っているつもりである。それは日常の何気ない会話でもわかる。東大で研究費に困ることなどないでしょう。それは私が始終いわれたことである。自慢ではないが、私は自分の研究にほとんど金をかけた覚えはない。こうして原稿を書いているのでもわかるだろうが、これなら元手はほとんどいらない。個人でまかなえるていどのものである。それが在職中から癖になった。金をかけなければ、もちろんある種の業績はあがらない。しかし、そんなことを気にするような状況ではなかったともいえる。

ともあれ紛争を持ち出したのは、昔話をするためではない。あの紛争とはいったいなんだったのか、ということなのである。当時学生だった人たちは、いわゆる団塊の世代である。つまり現在五十代に入ったところである。その人たちはいま、あの紛争をどう理解しているのだろうか。その理解はそのまま、いわゆる「戦後」の理解にも通じるはずである。団塊の世代とは、戦後の民主教育のみを受けた典型的な世代である。

あのころ、中国は文化大革命だったし、フランスではカルティエ・ラタンなどといって、やはり学生が騒いでいた。日本ばかりが大騒動だったわけではない。昭和四十五年前後には、東大の騒動はいちおう収まっており、私は豪州に留学していた。しかしそこでも大学教師の話題はしばしば学生の騒動だった。外国だからといって、話の内容も東大で話していた内容とさして異なっていたわけではない。インフルエンザではあるまいし、世界同時多発の騒動というのも妙なものではないか。

騒いだ学生はもちろん「反体制」だったわけだが、その場合、「体制」とはなんだったのだろうか。いま金融の自由化、透明化などという話を見聞きしていると、なんとなくこの時の「体制」なるものを私は連想する。しかもそれで、当たらずといえども遠からずではないか、という気がするのである。もちろんそれでは説明になっていない。だから私なりに、以下にその説明をしようというわけである。

体制、反体制というと、世間では政治問題だと考える。紛争のときも、典型的な見方は左右の対立という図式だった。しかしいわゆる新左翼が、ある面では戦前でいう右翼の伝統を引いていることは、当時よくいわれたことである。新左翼は北一輝《いっき》の著作などを読んでいる。そんな風評があったくらいである。政治的な右左という対立の図式は、一種の公式論である。一般にわかりやすければ、政治はそれでいいわけだから、しばしばそうしたレッテルが通用する。しかし共産党でも宮本「天皇」といわれたくらいだから、そんなレッテルはあくまでもレッテルに過ぎない。「日本」共産党が天皇制の形式を暗黙のうちに踏襲《とうしゅう》していたところで、なんの不思議もないのである。そのほうが実態に即しているのかもしれない。

ともあれ「体制」とはなにか。それは人間が「意識的に作りだしたもの」である。そして金融も経済も、典型的に「意識が作りだしたもの」である。問題は意識と無意識の関係なのである。

都市と田舎の対立

まず結論をいおう。あのときの対立は、要するに都会と田舎の対立だった。いまになって私はそう思う。だから全共闘はどう見ても田舎臭かったのである。ゲバ棒に覆面《ふくめん》、ヘルメットという姿をいまの学生に見せたら、ただ一言、ダサイというのではないか。いまの若者たちは、どうしたって「都市の民」以外のものではないからである。

あの紛争の背景にあったのは、急速に進む都市化だった。若者は都市化という世間の流れに敏感だったが、当の若者自身が田舎を引きずっていたのである。この場合の「田舎」とは、「かならずしも意識的でないもの」を大きく含んでいる。そのころ世間の暗黙の了解であった都市化に、大学自体は対応していなかった。その意味で大学はきわめて「遅れていた」。その後の大学改革の推移を見れば、それは一目瞭然であろう。いま大学は、その善悪はともかくとして、一所懸命「改革」し「近代化」している、と称している。しかしそれは、要するに一息遅れて都市化に邁進《まいしん》しているに過ぎない。紛争といわれるものも終わっていない。紛争に相当するものを引き起こす年代は、どんどん若くなり、同時に個人化した。小学校では学級崩壊が起こり、中学生が人を殺す。都市化が子どもに与える負の影響が、どんどん若いほうへずれていっただけのことであろう。いまでは子どもが人殺しをするようになったが、赤軍派も仲間を殺し、他人を殺した。いまの大学生が人殺しをしないとすれば、団塊の世代より早く大人になるようになったのであろう。いまでは大学生ともなれば、もう「人殺しの年齢は過ぎた」のである。子どもたちはそれだけ早く大人になることを強制されている。

紛争当時の学生はなにかに気づいていたのだが、その「なにか」が都市化だとは思っていなかった。相変わらず古い「体制」「反体制」という図式でものを考えていたからである。だから当時としては、だれにもわけのわからない紛争になったのであろう。学生は都市化が未来であることに気づいてはいなかったが、当時の大学の状況とは違うものが未来だということにはもちろん気づいていた。それが大学への批判となった。学生は無意識から意識へ、田舎者から都会人になろうとしていたのだが、大学はむしろ「田舎的」なものを多く抱えていた。それが大学の「封建的」構造と呼ばれたものだった。この表現は、「左右」の対立、左は近代と進歩、右は伝統と保守という公式から生まれたものである。しかし実態は意識と無意識、都会と田舎だった。無意識が意識と議論すれば、無意識は負ける。議論はことばでするもので、ことばは意識の典型的産物だからである。無意識側は「それは違うよ」といい、あとは黙っているより仕方がない。日米のいわゆる摩擦にも、この構図はよく出ている。

昭和の年代と、就業人口におけるサラリーマンの比率は同じだという。昭和十年代は十数パーセント、紛争の時代にはまさにその比率が、これから五割を超えるところだった。全共闘がいつの間にか体制化し、サラリーマンに変わってしまった。そういう印象があるが、団塊の世代の主張はおそらくさして変質したわけではなかろう。いってみれば、当時若者だった人たちの誤解が解けただけだと思う。俺たちが要求していたのは、要するに都市化だったのだ、と。サラリーマンが都市的存在であることは、いうまでもない。

マクルーハンの言説がもてはやされたのも、この時代のことである。これも要するに一言でいうなら、都市化の一面を指していた。大衆化ということばもあったし、いまでも使われている。大衆社会なるものが「田舎」ではないことは歴然としている。田舎に住むのはあくまでも「田舎者」であり、大衆ではない。メディアは都会のものであり、都会がなければメディアなどない。それならなぜ都会が世界中に広がったのか。

それはいうまでもないであろう。古代以来の都市社会は、エネルギー源を森林に頼っていた。これでは都市をあちこちに作るわけにはいかない。資源の制約が大きいからである。世界中に紛争が起こったように見えたのは、世界中あちこちで急速な都市化が進展したからで、それを支えたのはなんのことはない、石油エネルギーであろう。都市文明はエネルギーが欠けては成り立たない。人類史上最古の都市群を創り出した地中海沿岸、中近東、インド、中国が歴史的停滞に陥った理由は、それである。自然が一年ごとにわずかに産出する植物生産、そのエネルギーしか利用できない。こうした地域の都市は、古代における大発展の時期が過ぎて以降は、それだけに頼ることになっていたから、都市のエネルギー消費に関して一種の平衡状態に陥り、さして発展しなかった。しかも古代の大発展の時期に、森林資源を使い尽くしたのが、こうした地方での現在の荒涼たる風景の原因であることは、いまや周知の事実である。現在の中国の都市が勢いづいているとしたら、それはあらためて石油エネルギーが注入されているからであろう。理科的にいうなら、話はそれだけのことである。

私が「巻き込まれた」紛争とは、要するに田舎が都市化するときに起こった、一時的な現象だったのである。それ以降の日本社会の歴史は、いわば滔々《とうとう》たる都市化の流れとしか私には見えない。先ほど述べた大学の「改革」と称するもの、金融の「近代化」といわれているもの、そうしたもののどれをとっても、近代とか、現代とか、進歩、発展、成長などと呼ばれはするものの、要は都市化なのである。

物質的に規定するなら、都市化にはかならずエネルギー消費が伴なう。だから炭酸ガスによる地球温暖化が問題なのである。また人間の側からいうなら、都市化とは意識化である。計算であり、「ああすれば、こうなる」なのである。さらには一般化、普遍化、透明化である。そこでは人間を構成するもう一つの重大な要素、「無意識」は勘定に入っていない。そうはいっても、ピンとこないかもしれない。いまや都市化の前提を説明することは、現代人の前提を説明することになりつつある。前提とは「当たり前」のことであり、その人にとっての当たり前を、べつな視点からあらためて説明するのは、なかなかの難事である。

ナチの田舎主義、ユダヤの都市主義

ジャーナリズムは田舎のものではない。都市のものである。これほど当然のことはないであろう。だからユダヤ人の職業には、ジャーナリズムが含まれるのである。ユダヤ人とは、おそらくバビロンの捕囚《ほしゅう》以前からか、それ以来からか、純粋に都市の民である。金融業もまたしかり、田舎の金融業とは語義矛盾であろう。数年前に私はブータンを訪れたが、ここではまだ貨幣経済自体がほとんど成立していなかった。お金をもっていたところで、店がない。学者、芸術家、こうした人たちのマーケットも基本的には都会である。これらはいずれもユダヤ人の得意の職業である。そのユダヤ人が農村を作ろうとすると、だからキブツという奇妙なものになる。あれは奇妙としか、いいようがあるまい。

もし「都市」対「反都市」という図式があるとすれば、世界史のなかでそれをもっともよく表現しているのは、いわゆるユダヤ問題であろう。その意味でいうなら、ナチは田舎者で、ユダヤ人は都会人である。ドイツ人がなんだか田舎者らしさを引きずっていたというのは、だれでも直感的に知っていることであろう。ある見方をすれば、田舎の反都市主義が特殊な表現をとったものが、ナチスによるユダヤ人の迫害だと思われる。数百万の人々がただ殺されるという状態は異常だが、その異常に荷担《かたん》したのは、一方ではナチの田舎主義、他方ではユダヤ人の都市主義である。それを政治的な「左右」主義で見るべきではない。将来の事態を見誤る可能性がある。

なぜ毛沢東は孔子を批判したのか

大学紛争の時代にも、「都市」対「反都市」を明瞭に示した政治運動があった。毛沢東の文化大革命である。このときのスローガンは「批林批孔」だったが、このことばを覚えている人はいまでは少ないらしい。「林」は林彪《りんぴょう》だが、

「孔」はもちろん孔子である。なぜ毛沢東がわざわざ孔子を批判する必要があったか。それは『論語』を教典の中心とする儒教がまさに中国型の都市イデオロギーそのものだったからである。

毛沢東が中国共産党の創設以来の幹部のなかで、ほとんど唯一、外国留学経験のない農村型政治家だったことを想起していただきたい。同時に文革派の指示は下放《かほう》だった。大学生たちに、工場や農村などの生産現場に行って働けといったのである。工場は都市のものではないか、などと揚げ足をとらないでもらいたい。もちろんそこに入り込んでいるのは、左右の図式である。毛沢東もまた、政治的左右でものを考えていたことは間違いないであろう。しかし、都市とそれをつなぐ道路のみを占領した日本陸軍に対し、それを「点と線」と評して笑ったのは毛沢東である。中国人の七割強がおそらく農民であり、二割か三割が都市住民である。

毛沢東主義のわかりにくさは、その田舎主義にある。毛が農村を基盤にしていたことは、周知の事実である。『ワイルド・スワン』ユン・チアン著、その他に表れる現在のジャーナリズムの反毛沢東主義は、つまりは都市主義であろう。鄧小平《とうしょうへい》と毛沢東の違いは、都市主義と田舎主義である。それが文革派と反文革派と呼ばれただけのことである。鄧は客家《ハッカ》の出身だというが、この人たちは華僑になるのがふつうであり、華僑とはユダヤ人と同様に、つまりは都市の民である。それを政治的な左右とか、資本主義対社会主義という図式で見ると、実態を見損なう可能性が高いと私は思う。

『論語』が都市イデオロギーだということは、そのつもりで見れば、あまりにも歴然としている。平城京、平安京の時代であれ、江戸の初期であれ、日本が都市化しようとするときには、儒教という教義を採用した。最近ヴェトナムの歴史を読んだが、似たようなことをやっている。ヴェトナムは千年、中国の植民地だった。その怨《うら》みつらみがあるはずなのに、自前で都市化するときには、ともかく儒教を採ったのである。

儒教的合理主義とは、自然に言及しないことである。自然科学が発達していない時代に、「雷はなぜ鳴ったり、落ちたりするんですか」と訊かれたって、答えようがなかろう。そういうことには答えない。それが孔子の採った方針だった。その合理主義が、「死とはなにか」を訊かれて「我いまだ生を知らず、いずくんぞ死を知らんや」という答えになったのである。そのくせ親が死んだら、三年喪《も》に服すと明瞭にいう。こちらは人間の約束事で、それなら人の意識でどうにでもなるからである。都市主義とはそういうものである。なにごとも人間の意識、考えることなのである。

その都会で排除されるのは、意識が作らなかったもの、すなわち自然である。排除された自然は、やがて都会人の脳のなかでは現実ではなくなる。それが戦後の「自然破壊」の真の原因なのである。自然は人の作ったものではない。そうした人工物に囲まれて暮らしている人たちにとって、自然は脳のなかでまずその実体を失う。脳のなかで実体を失った現実が、都会という人工物のなかに「実現」するはずがないではないか。そうした人たちにとって、雑木林とはすなわち「空き地」なのである。つまりそこにマンションを建てたら、何棟建つかという場所である。それならそこに生えている木は「存在しない」というしかないではないか。ましてその木に依存する昆虫が考慮に含まれるわけがない。ゆえにそれを食物とする鳥も「存在しない」。考慮に入らず、したがって当人の行動に影響しないからである。それが「開発行為」であろう。

田舎の「仕方がない」は遅れているのか

それなら田舎主義とはなにかというなら、その逆ということになる。心理的にいうなら、一種の「無」意識重視である。個人についていうなら、身体である。脳は身体を本質的に統制することは決してできない。それを十分に「ことばにする」ことはできないのである。私は三十年以上、解剖学をやった。それでわかったのは、そのていどのことである。いまは健康ブームだが、都会人は統制できない身体が「統制できる」と錯覚したいのであろう。禁煙すれば、肺ガンにならないといい、相変わらず多数の肺ガン患者を出している。モータリゼーションと肺ガンの発生が比例することに私は賭けてもいいと思っている。身体という自然が示す「生老病死」は、もはや日常生活ではない。それはどんどん排除される。若者は自分の身体が意識の統制下にないことに気づくと、身体を罰する。だから拒食なのである。意識のいうことをきかない身体に、餌をやることはない。

ところが、政治に田舎主義が出ると、近代ではなぜかロクなことにならない。まずはファシズム、ナチズムであり、文化大革命もそれなら、ポル・ポトもそれであろう。文革なりポル・ポト派の主張なりが、現在のジャーナリズムからは「よくわからない」のは当然である。すでに述べたように、ジャーナリズムは都市主義で、それなら田舎主義の前提が理解できるはずがない。田舎主義なんて、そんなもの、意識が遅れているだけではないか。その一言で片付けられてしまう。紛争中の全共闘諸君がしばしば他に対して「遅れている」という表現をしていたのが懐かしい。田舎者のくせに、じぶんがそれと気づいていなかったことが、そこによく出ている。田舎を「遅れている」

と馬鹿にするのが、新興都会人の態度である。成金が貧乏を馬鹿にするのと同じであろう。現代人はもっと典型的な都会人になってしまったから、むしろ田舎にあこがれたりしている。

全共闘が文革に共鳴したとすれば、流行につられたということもあろうが、田舎主義どうしが共振を起こしただけのことにちがいない。そのころから南北問題がいわれはじめたが、これも要は世界の都会と田舎の問題ではないか。日本の田舎はいまでは東南アジアであり、中国であろう。だから田舎の人が「都会に出てくる」のである。田舎から都会へ、物流と人の流れが起こる。それを止めたら、都会は飢え死にである。

引き合いに出しては悪いかもしれないが、最近立松和平氏が全共闘をあつかった小説を書いている（『光の雨』新潮社）。これはあまりにも「いかにも」という感じがするのである。立松氏の「自然保護主義」はまさに田舎主義と結合している。反都市といってもいいであろう。現代の反都市は、主として自然保護運動に表現されている。だから環境ファッショなどという造語が出現する。私流の文脈でいうなら、ファッショとは要するに田舎のことだからである。

先日たまたまイタリアのボローニャに出かけた。町いちばんの古い広場に立っていたら、なんと広場に面した建物の壁から、馬鹿でかいイタリア国旗が垂れ下がっている。中央の白い帯が汚れているので、どうしたのかと思ってよく見たら、そこにムッソリーニの顔が浮かんでいる。ネオ・ファシストの集会があるらしい。この顔がまたなんとも田舎の親爺なのである。イタリアが都会と田舎が極端に同居しているところだというのは、よくご存じであろう。

戦後の日本で「遅れている」と評されたもの、それが多くは田舎のものであることはいうまでもなかろう。私が受けた教育は、「仕方がない」などというのは遅れた人だ、というものだった。それは暗黙の教育であり、そのことが明示されたわけではない。だがなぜ「仕方がない」は遅れているのであろうか。それは都市から見れば、歴然としている。都市とはすべてが人間の所行で生じたものであるから、そこで起こる不祥事はすべて「他人の所為《せい》」

なのである。都会で溝に落ちれば、この溝を掘ったのはだれだ、ということになる。しかし田舎で肥溜《こえだ》めに落ちても、「仕方がない」のである。

そもそも自然に起こるできごとに対しては、仕方がないとしか、結局はいいようがない。ところが都会人は、それをいうと怒り出す人たちである。なぜなら都会で周囲を埋め尽くしているのは、人間の作ったものばかりだからである。宮沢賢治が「寒サノ夏ハオロオロ歩キ」というのは、東北の冷害は自然の所行だからである。いまでは寒さの夏が来ようものなら、天気予報の係官が文句をいわれるであろう。都会人なら、それを予知して、危機管理をせよ、というに決まっている。もともと危機とは、人の力では管理できないから「危機」だったのである。それをいまでは危機「管理」というのだから、都会人の傲慢も極まったというべきであろう。

福原の都を作った平清盛は、当時には珍しい都会人だったとみえて、扇で落日を招き上げたという話がある。自然を人為で統制したというわけであろう。現代人の考えることによく似ている。昔の人にしても、都会の人間がなんであるかは、よく知っていた。その当たり前を忘れて、近代化とか、国際化とか、高度成長などといい、それを「進歩」「発展」などと呼んでいるのは都会人の夜郎自大《やろうじだい》である。

田舎主義もあれば都市主義もあった

中世の始まりは、平城京、平安京という、日本型の古代都市が滅亡した時代である。平家一門が都会人になった田舎者、新興都会人であることはいうまでもなかろう。『平家物語』が平忠盛《ただもり》について記すとおりである。平家の時代には、古代都市はまだ平家一門を取り込むだけの力を持っていた。その都会人たちが東戎《あずまえびす》に滅ぼされる。壇《だん》ノ浦で平家一門の首を取り、京の都に持ち帰った義経《よしつね》と範頼《のりより》が、首を四条河原に晒《さら》したいと主張する。後白河法皇の朝廷を構成している公家たち、つまり当時の都会人たちは、そんなことはとんでもないという。しかし、東戎たちは強行して首を晒す。『平家物語』はそう記すのである。これがおそらく信長、秀吉、家康の時代まで続く「乱世」の始まりであろう。古代から中世、中世から近世への移行は、都市主義から田舎主義へ、田舎主義から都市主義への移行を、それぞれ示しているように見える。

この国の歴史は、決して短くない。そこには右のように田舎主義もあれば、都市主義もあった。鴨長明《かものちょうめい》はそれをよく見た人である。『方丈記』のなかには、京の都の食糧難を記した数行がある。われわれが経験した戦後の飢餓状況は、そこにみごとに描かれている。都会は田舎からの物流が途絶えれば、徹底的に窮乏するしかない。鴨長明はその旨を簡潔に書く。わが国の物流の基本は、いまやマラッカ海峡の安全となった。それは日本全体が都市化したこと、日本全体が京の都となり、第三世界が田舎になったことを意味するのである。

こうした「政治的」な歴史とはべつに、われわれの祖先たちが営々として築いてきた伝統がある。それが田圃《たんぼ》里山《さとやま》に代表される、自然への「手入れ」である。この国の自然は、山を伐採して放置しておくと、荒れ地になるというような弱いものではない。私が住んでいる鎌倉市では、いまや戦後の里山は照葉樹林に戻りつつある。枝振りのよい松が生えていた里山は、伸びすぎたクヌギやコナラを交えた、シイやタブの林に変わりつつある。その変遷がわずか五十年で起こる。それが日本の自然なのである。

こうした頑丈な自然に対して、われわれの祖先はそれをできるだけ意に添うような形に変えようとした。そこに生じたのが田圃里山の風景であろう。そうなるに至るまでには、たいへん長い「手入れ」の歴史があった。田圃里山の生物相がきわめて豊富だということは、ちょっと考えてみればわかる。屋久島や白神《しらかみ》山地の原生林で、モンシロチョウやアゲハチョウが捕まるだろうか。こうした原生林が独特の生物相を示すことは明らかだが、決して虫が多いわけではない。田圃里山という環境は、非常に多くの生き物の住処《すみか》を用意した。要は生態的多様性が高いのである。

都会の限度を考えてみたらどうか

生物が住めない環境に、結局は人間が住めるわけはない。それなら生物がもっとも多様化する環境が、人間にきわめて適した環境であることも、当然ながら推論できよう。十九世紀末のイギリス人は、山形県の農村風景を田園の理想としたという。私の隣家の奥さんは、イギリス庭園を造ろうとしているようである。要するに山形県の農村がイギリスに入ってイギリス庭園となり、それが戦後の日本に入って隣家の庭になっている。それならはじめから山形県の農村風景で良いではないかと私は思うが、そう思わない人が多いらしい。それは自分たちの祖先がなにをやってきたか、それが意識化されていないからであろう。

戦後の日本がいかに都市化したか、それがいかに行き過ぎたか、それはもはや歴然としている。アメリカはそれをさらに都市化せよといっているらしい。あの国は広く、モンタナもあれば、ニューヨークもある。田舎と都会が共存できる。日本は狭く、いまや日本中が都会になり、鴨長明の京の都となった。食糧自給をどうするなどと、コメ問題でブツブツいっていたが、人々はもう忘れたらしい。石油の一滴は血の一滴というので、大東亜戦争を始めたが、相変わらずいまでも石油の一滴は血の一滴である。これももう忘れたのであろう。金融が現在問題になっているが、金融はもっとも都市らしい問題の一つである。こうした世界にマフィアはつきものだが、それは金融業が脳なら、マフィアが身体だからである。脳からすれば、身体は「汚れている」。クソもすれば、死体にもなる。しかし脳は身体の一部なのであって、脳が全部ではない。そんなことはわかりきったことではないか。

ただいま現在、子どもがどうかなっていると騒いでいるが、どうかならないほうがおかしいと、どうして思わないのだろうか。子どもはもともと自然であり、その自然をすっかり消して、子どもにはじめから都会人になれといっているのが、いまの都市社会なのである。NHKが放送した「少年法廷」という番組では、ラスヴェガスの学校警察が紹介されていた。年間千件の出動回数を「誇って」いたが、それだけ学校で刃傷沙汰《にんじょうざた》があるということであろう。砂漠に作られた賭博のための人工都市で、なぜ親たちは子どもを育てようとするのか。それでおかしくならなかったら、むしろ子どもではないであろう。孟母三遷《もうぼさんせん》はどこに行ったのか。都会に住みたい、都会でなければ暮らせないというのは、要するに親のわがままではないのか。だれが本当に「子どものため」など、考えているのか。先生はいまやすべてサラリーマンで、すでに述べたように、サラリーマンは都会の人である。

情報の公開とは、すべてが意識化されるべきだということであろう。医学ではそれをインフォームド・コンセントなどという。数学にインフォームド・コンセントがあるか。わからない学生には、絶対にわからないのが数学であろう。いまの学生は、平気で「先生、説明してください」という。説明してもらえば、わかると思っているのである。自分がどれだけ利口だと考えているのか。手のつけようもない。わからないのは、お前の頭が足りないからだ。

それをいうのは、いまやタブーである。足りなくたって、十分に暮らせる。そう思うべきなのであって、足りるようにするのが教育だとか、だれでも足りるはずだと思うべきではない。しかしそれをわかりやすく公言すれば、袋叩きにあう。

だれでも一度、都会の限度を考えてみたらいかがであろうか。都会だけでは、世間は立たない。それは鴨長明の時代から、知れきったことではないか。都会とは要するに「黒山の人だかり」であろう。そこになにかあるのかと思って、どんどん人が溜まる。べつになにもありはしないと思うのだが、それでも人はどんどん溜まるのである。

第5章

「歴史」について考える

日本人の「歴史の消し方」

ことばに書かれない無意識の憲法とは

脳死問題の根底には、世間すなわち日本共同体への参加資格に関する暗黙の規則があった。だからこそ一万人に一人という脳死の人の、さらにそのなかから移植に適合する人を探すという「具体的にはほとんど存在しないに近い」問題が、世間を騒がす大問題になった。私はそう思う。

共同体の参加資格のような暗黙の規則を、ここでは「非成文憲法」と呼びたい。成文憲法ならことばで書かれているから、もちろん意識化されている。他方、ことばに書かれない憲法のほうは無意識といっていい。だれもが子どものころから聞き慣れているはずの「世間とはそういうものです」という台詞《せりふ》は、まさにそれを指している。「そういうものです」とはいわれるものの、それを押して「なぜだ」と尋ねても、理由はふつう明らかにされないのである。その無意識の憲法を意識化することは、おそらく禁忌《きんき》なのである。なぜなら、たとえば個人の場合、無意識を意識化すると行動が変わってしまうからである。共同体の非成文憲法を仮に言語化したとすれば、共同体は変質するであろう。人々が暗黙のうちにそれを恐れるからこそ、非成文憲法なのである。

無意識を意識化することは、実際に精神分析における治療の原理である。「個人と集団は違うでしょうが」という反論がありそうである。ところが、心理においては、個人と社会のあいだの区別はほとんどない。なぜなら、ほとんどの人が理解する心理でなければ、そもそも他人に伝わりようがないからである。「心理は個人のもの」という牢固《ろうこ》たる偏見があるから、ここはよくご理解いただく必要があろう。

つまりは、私もあなたも共通に理解するものが心理なのである。だれかがもし、他人とまったく共通性のない気持ちをもったとすれば、それは定義からして他人にはまったく理解できない。そういう心理があることは否定できないが、まったく理解できない以上、それを社会的に問題にする必要はないし、そもそも問題にしようがない。そうした心理状態は、たとえば精神の病にかかった人に見られるものである。周囲はそれを理解しないし、理解しなくて当然だと思っている。

意識はことばになるから、互いに理解可能である。無意識はふつう、ことばにならない。しかしそこにも、意識と同じように、多くの人に共通の部分があるはずである。日本共同体すなわち世間は、たいへん成立が古いから、そうした無意識の憲法をいくつももっているらしい。ここでは私が気がついた主題を扱ってみたいと思う。その主題のまず第一は、表題にあるとおり「歴史の消し方」である。

教科書に墨を塗ったのは悪いことだったのか

個人であれ社会であれ、心理は同じだと述べた。歴史もまたそういう面をもっている。なぜなら個人は、かけがえのない過去という歴史をそれぞれにもっているからである。各個人が自分の過去に対してとる態度をいわば「集約したもの」が、世間が歴史に対してとる態度を決める。あるいは逆に、世間が歴史に対してとる態度が、個人が自分の過去に対してとる態度を決める。

ここでもふたたび、個人と社会とは違うという反論が出そうである。これもじつは心理の場合と同じで、まったく個人的なものは論じることすらできないのである。日本語はそれを理解する人に「共有されている」。共有されない、自分だけのことばを使ったとしても、だれにも理解されないに決まっている。それと同じことであろう。なにごとであれ、まったく個人的なものというのは他人の容喙《ようかい》を許さない。べつな言い方をすれば、そんなものは、他人にとってはあってもなくても同じことなのである。

十五年ほど前、正確なことは忘れたが、ある新聞記事を読んだ。そこでは松下幸之助氏あるいは本田宗一郎氏のような、学歴はないが、世の中でたいへん成功した人が、若くて貧しいために就学の機会を失う若者が可哀想だと考え、そのために新たに奨学金を創ったと報じられていた。

この記事を読んで、私は思わず「なぜそんなことをするんだ」と叫んでしまった。その場にいたのは家内だけだったから、たちまちたしなめられた覚えがある。「だれかがいいことをするんだから、あなたが文句をいうことはないでしょう」。そういわれて、そうかと黙ったが、それから長いこと、これが気になっていた。いまではなにが気になったのか、自分の頭のなかがやっとはっきりした。この人は自分の過去を肯定しているのか、否定しているのか。それが当時の私に浮かんだ根本的な疑問だったのである。

若者がいかに貧乏であろうと、それは若いころの俺と同じだ、それなら俺と同じようにやれ。そううそぶいていてもすむ話ではないか。もちろん、この人の気持ちが具体的にどうだったかについては、さまざまな解釈がありうる。それを挙げれば、際限がないほどであろう。しかしともあれ、私にとっては、この話のある一面だけが気になった。つまりそれは、人々は自分の過去を一般にどう評価しているのだろうか、ということである。それがなぜ問題かというなら、その集約が日本人の歴史に対する態度を決めるだろうと考えたからである。

自分自身についていうなら、私は繰り返し、小学校の教科書に墨を塗った話を書いたことがある。終戦のとき、私は小学校二年生だった。正確には国民学校二年生である。戦後になって、われわれは先生の指示に従い、それまで使っていた仮綴じの教科書の文章のあちこちに墨を塗り、内容の一部を消した。これはもちろん、もともとは占領軍の指示によるもので、それに従って文部省が指示したことであろう。

その後、いわゆる教科書裁判がしばしば新聞に大きく報道されるようになった。このときにも私は、右の奨学金の例と同じように、強い違和感を感じたのである。じつは私が感じた奨学金問題の裏には、いま思えば、この検定問題があったらしい。

私たちが小学生のときに、教科書に墨を塗ったのは「事実」である。それなら、私は検定前の教科書と検定後の教科書、いわばその両方を読んだわけである。実際にある年代の子どもたちが両方を読んで育ったことは、事実として否定できない。それなら、「それはよくないことだ」というためには、そうして育った子どもたちが成長してから「悪くなった」ことを実証しなければならない。つまり私が墨塗りによって、そうしなかった場合よりも悪人になったということを、実証してもらう必要がある。逆に、私が墨を塗ったという自分の過去をまったく肯定しているとするなら、教科書の記述など、いわばどうでもいいのである。間違っていれば墨を塗ればいい。私自身は「現にそうして育った」からである。

ややこしい話をしてしまったが、この話はいつも説明がむずかしいなと思っていた。それには間違いなく、ある理由がある。それは、この世間の非成文憲法の一つに、「過去は正しくない」という一条があるからである。それはいい過ぎだというなら、「過去は水に流すべきもの」なのである。

消された教育勅語は「無意識」に生きている

中国や韓国のメディアが日本に対してしばしば明言する、あるいはほのめかす話題がある。それは「日本人は歴史を消す」ということである。当の日本人はふつう、それについて、過去に生じた都合の悪いこと、たとえば戦時中の残虐行為、そうしたものにはできるだけ触れないようにする、そういう態度だと解釈するはずである。

そこに双方の誤解がないだろうか。この「歴史を消す」という印象には、もっとなにか深い根がある。私は前からそう思っているのである。すでに述べた教科書の墨塗りがそうである。これを話題にするのは、日本人では私だけではないか、という気がするくらいなのである。それなら墨塗りも歴史から「消えた」わけである。

ごく一般には、日本人は「過去を水に流す」癖があるという。「歴史を消す」と非難されると、内輪では、つまり日本人のあいだでは、「日本人はなにごとも水に流す癖があるから」という。それは私も何度か聞いた覚えがある。

それにしても、起こったことを消すというのは、どういうことであろうか。たとえば教育勅語を例にとってみよう。日本の百科事典には、教育勅語という項目があって、その説明はある。しかし、あの短い文章の全文を載せたものはない。それはかつて山本七平氏が指摘したことである。私も同じ経験がある。たまたま原稿を書くのに教育勅語の原文が知りたかったのだが、辞書に載っていない。そういうことがあって、橿原《かしはら》神宮で五百円で買った勅語を利用した覚えがある。ところが、リンカーンのゲティスバーグの演説、「人民の、人民による、人民のための……」というあの有名な演説は、なんと英文で全文が日本の百科事典に載っているのである。

つまり、教育勅語も歴史を消した例であろう。文章自体を徹底的に「消した」わけである。ところが、これは田中澄江氏が随筆に書かれていることでもあるが、教育勅語の精神は残っているのである。どういうことかというと、あの勅語ができた当時の文部大臣は、東京府知事を務めたことのある芳川顕正《よしかわあきまさ》という人である。その人のいったこととして、記録されていることがある。それはあのなかに、つまり勅語のなかに、入れなかったものが二つある、それは宗教と哲学だ、と。当時の文部大臣、芳川顕正はそう述べたのである。

開国和親となって、明治政府がいちばん警戒したのはキリスト教である。しかし、西洋諸国との関係から、江戸時代のように表だって禁教令を発するわけにもいかない。その意味もあって、教育勅語がつくられたという。あれを読むとよくわかるが、悪いことはなに一つ書いてない。それは、いまでも勅語を暗記している人には明白であろう。ただしどうしてそうしなければならないか、それだけはたしかに書いてない。「なぜか」は哲学の問題だから、それは書かれていないのであろう。

教育勅語は消された。だが、それがどうしたのか。私がいいたいのは、消されたことではない。生き残ったことのほうである。いまでも日本の公教育では、まず絶対に哲学と宗教には触れない。先生方は、そういう話に触れることは、「なにかよくないこと」だと信じている。公教育の先生方に個人的に聞いてみて、確かめてみたこともある。つまり公教育で哲学なり宗教なりを教えるのは、じつはタブーなのである。それは教育勅語が「無意識に」生きていることであろう。つまり「歴史を消す」というが、それはそう単純ではない。意識のうえから消すと、無意識には残るものがある。その典型が教育勅語であろう。こうしたことこそが、じつはおそらく「和魂洋才」と呼ばれたものではないか。私はそう疑っている。

大和魂とか和魂というものは、意識的に説明はできない。つまりそれは、すでに述べた非成文憲法なのである。ここでは「公教育では、宗教と哲学を扱わない」というのが、非成文憲法なのであろう。それを私がこうしてここで文字にしてしまうのは、おそらく規則違反なのであろう。しかし、この話題自体は、右に述べたように、すでに田中氏も話題にしているから、もはややむをえない。

「歴史を消す」日本、「歴史がない」アメリカ

日本社会、つまり世間が歴史を消すという暗黙の規則をもっていることは、たぶん間違いない。その典型は、明治になると、江戸は封建の世、封建制度は親の仇《かたき》といったことである。もちろんそう述べたのは、福沢諭吉である。東京大学医学部のお雇い教師だったベルツは、日記のなかで、学生に昔のことを質問したところ、それはもう古い世の中の話で、われわれは新しい世の中をつくるのだからと、はかばかしい返事がもらえなかったことを記している。ベルツは、この国はいいものも悪いものも一緒に、全部棄ててしまうつもりかと慨嘆《がいたん》している。

戦後は、まだ記憶に残っている人も多いはずである。ともかく戦前は軍国主義、あれはダメということになった。同じことが、戦国から江戸への移行でも生じたはずである。なぜ講談で大久保彦左衛門が始終出てくるのか、私

は不思議に思っていた。しかし、いま思えば、あれは明治に生き残った江戸人、天保《てんぽう》老人と同じことである。あるいは戦後の右翼みたいなものであろう。十六歳のみぎり、鳶《とび》の巣《す》文殊山《もんじゅやま》の戦いに、という彦左衛門初陣《ういじん》の話を聞かされると、江戸の若者はまた始まったと逃げたはずである。それは私が子どもに空襲や食糧難の話をしているのと同じである。そう思っていたが、それだけではないという気がする。江戸の人も、われわれが戦前を消したのと同じように、やはり戦国時代を「消した」のである。彦左衛門はひょっとすると、それがいいたかったのではないか。

「歴史を消す歴史」、それをさかのぼればどこまで行くか。私はその意味で『古事記』と『日本書紀』を疑っている。あれもおそらく、それ以前の時代を「消す」工夫であろう。菅原道真《みちざね》は和魂漢才といったというが、千年や二千年では日本共同体は変わらないと思う。非成文憲法も、おそらくそのころから連綿と続いているのであろう。

このことに関係して、日本のアメリカ化という現象がある。私のところにはときどき欧州からの客がある。高度成長以前には、そうした客が口を揃えていったことがある。それは日本はこんなにアメリカ化していいのか、ということである。

戦争に負けたのだから、アメリカの影響が強くて当然だろう。われわれはそう考えてきたと思う。しかし、それだけだろうか。私が疑っているのは、日本社会はもともとアメリカに強く共鳴する部分をもっているのではないか、ということである。それはなにか。日本は「歴史を消す」が、アメリカは「歴史がない」。そのことではないか。「仮に歴史を消す」社会は、「歴史をもたない」社会と、一見よく似た挙動を示すはずである。日本とアメリカの類似点を、いまさらここで述べる必要もないと思う。私にとって印象的だった例を一つだけ挙げる。

日本とアメリカは根本的に類似していないか

この三月に、あるシンポジウムで、私は津田塾大学の荒このみ氏から、アメリカのフォード主義に関する話を聞いた。それを聞きながら、途中から私は、荒氏の話はアメリカのことではなくて、日本のことに言及しているのではないかと思ってしまった。荒氏はたしかにアメリカの話をしているのだが、主題がそのまま日本に当てはまるのである。フォード主義に見られる画一主義、英語という単一言語の強制、スラブ系などの英米系の人には読みにくい名前をアメリカ流に変えること。そんな話題は、いずれももちろん、どこかで聞いたような話ではないか。

荒氏が日本人だから、日本と共鳴する部分を、アメリカ社会の歴史から拾ってきたのだろう。私はまずそう解釈して、話を聞いた。さらに聞いているうちに、そうではないと気づいた。日本は歴史を消すが、アメリカには歴史がない。だから表面上、両者は似てくるのではないか。たとえば両者ともに、新しいものが好きである。消した国日本は、しかし、それでも歴史を実際にはもっている。だから同じ新しいもの好きでも、アメリカのほうが徹底している。たとえば、コンピュータの利用の仕方、生活への入り方は、アメリカのほうが明らかに徹底しているではないか。その理由は、日本はあくまでも「仮」で、アメリカは「本気」だからであろう。歴史が「なければ」、新しいものに本気で賭けるしかない。「仮に消した」のであれば、いざとなれば歴史を掘り出してくることもできる。温故知新といえばいい。

そんなことを、荒氏の話を聞きながら考えた。しかし、さらにその先を疑ってみると、日本とアメリカはもっと根本的に類似しているのではないか。アメリカ人は「新大陸」にやってきて、原住民を物理的に「消した」。われわれの祖先と見なされる弥生人はどうか。大陸からこの日本列島に渡ってきたことは間違いない。原住民と目されるのは、縄文人である。いまではアメリカ原住民の文化が注目されているように、日本ではいま縄文文化が注目を集めている。その縄文人を「消した」のは、弥生人ではないか。それなら弥生人は野蛮人か。大陸から来た人たちにちがいないから、むしろメイフラワー号の人たちというべきであろう。なにか事情があって、大陸の社会から、その文化を担いながら、逃れてきたはずなのである。『古事記』や『日本書紀』は、それなら「独立宣言」とでもいうべきものであろう。

弥生人とメイフラワー号の人たち

歴史について、こんな馬鹿なことをいっても、素人がなにをいうか、と専門家は笑うにちがいない。それならもう一度、個人に戻って考えてみよう。明治以降、われわれはどのように自分の子どもを育ててきたか。

先ほどの奨学金問題は、われわれの子育ての象徴なのである。なぜならわれわれは、明治以降、親が育ったようには子どもを育てていないからである。アメリカ人はイギリス人から生まれたが、イギリスでその親が育ったような形では、アメリカで生まれた子どもは育っていないはずである。そうでなければ、メイフラワー号の人たちは、アメリカに移民してきた意味がない。

こうして故郷を離れた人々は、自分の歴史を消さざるをえなくなる。ルーツから切り離された人間は、いま住む土地がふたたび歴史に変わるまでは、自転車操業を続けるほかはない。最初に述べたように、中国や韓国の人が「日本人は歴史を消す」というとき、暗黙のうちに、故郷を棄てた人たちの、故郷への態度を感じているのではないだろうか。なぜならわれわれの祖先、弥生人とは、その中国や韓国を、なにかの事情で出てきてしまった、メイフラワー号に乗った人たちにちがいないからである。

私は教科書に墨を塗り、サツマイモとカボチャしか食べず、テレビは見ず、ゴム製の運動靴を履き、冬でも夏でも半ズボンで子ども時代を過ごした。私の子どもたちは、立派な検定済みの教科書を与えられ、冷蔵庫には絶えず食物があり、年中テレビを見て、暑ければクーラー、寒ければヒーターを入れている。これだけ生活が違ってしまったのだから、頭のなかも違って当然であろう。

福沢諭吉の子どもたちは、封建制度は親の仇と思っては育たなかったはずである。福沢の子どもたちの時代には、もはや江戸の封建制度はなかったからである。それなら福沢の子どもたちは、どう思って育てばいいのか。明治以降、日本の若者たちは、そうした意味での指標なしに育ってきた。これを私は子育ての自転車操業と呼ぶ。子どもの教育が問題になるのは、いまとなっては当たり前であろう。

なぜ日本人は死んだ人の悪口をいわないのか

日本は戦後、急速に都市化した。都市に集まるのは、田舎から出てきた人たちである。田舎は人々の祖先の土地であり、そこには歴史がある。父祖の地から出たとき、人々はメイフラワー号の乗員となる。神戸の少年Aの両親は、南の島の出身だという。私は二十代の後半、そうした島でフィラリアの検診をやっていた。フィラリアは蚊が媒介する寄生虫疾患である。フィラリアの卵は、蚊が出没する時刻、すなわち夕刻ごろから、患者さんの血液中に出てくる。蚊が血液を吸うと、そのなかに卵が混じる。その蚊が次の人を刺すと、卵はその人の血中に入り、育って成虫となる。

フィラリアを撲滅するためには、住民すべてを検診して、保虫者を確認し、駆虫する必要がある。したがって私たちは、島の各集落の住民の人口構成をよく知っていた。すべての住民から採血し、検査するからである。その構成は、当時としても驚くべきものだった。集落に住む人といえば、義務教育年齢まで、つまり中学生までの子どもと、ほぼ四十代半ば以降の成人および老人だけなのである。その中間、いわゆる働き盛りの年代の人たちはすべて、関西方面に就職して出ていったのである。その人たちが都市に落ち着き、自分の住まいをもち、生まれた第二代が少年Aの世代である。

こうした事件にさまざまな背景があることは間違いない。しかし先祖伝来、長らく住んできた歴史を、生活のなかから消すことが、この事件の一つの要因になったであろうことを私は疑わない。こうした極端な事件は、ポーカーのロイヤル・ストレート・フラッシュだという見方がある。特定のカードがすべて揃わなければ起こらない、という意味である。犯罪の場合には、運悪く、悪いカードが全部揃うわけである。だから、すべてを一つの要因のせいにすることはできない。しかし子育ての自転車操業が、現代のさまざまな問題を生むカードの一枚になっているのではないか。それを私は疑うのである。

そうした自転車操業は、歴史を消すという非成文憲法によって強化されてきた。日本人は死んだ人の悪口をまずいわない。これも見ようによっては、「歴史の消し方」であろう。死ぬことが不幸なことであるだけに、それに加えて、生き残った者が悪口までいうことはない。そういう優しい心情から悪口をいわないのだともとれるが、べつなふうにもとれる。死んだら最後、世間の人ではなくなるのだから、もはや生きている人間の現世の利害に関わりはない。それなら誉めておけばいいという、きわめてドライな態度なのかもしれないのである。

近隣の国々の人たちにいわれるまでもない。個人であれ共同体であれ、われわれは自分たちの過去をどう評価するか、自分で決める必要があろう。それは結局、日本共同体自身の存続の根幹に関わっているのである。「歴史を消す」ことは、なにも「南京大虐殺」や「従軍慰安婦」だけの問題ではない。そうした問題を大きく扱うこと自体が、もう一つの「歴史の消し方」かもしれないのである。共同体のいわば外部に生じた事件を大きく扱うことによって、共同体内部の非成文憲法はむしろ隠されるからである。実際には、内部で歴史を消しているからこそ、外部で生じた事件が消える。素直に考えれば、そんなことは当たり前であろう。

日本人の起源

アフリカでみた植民地の名残

テレビの取材で、八月いっぱいをアフリカで過ごすことになった。テレビ番組の収録に行ったのに、その間テレビなし新聞なし。そういう生活を続けていたのでは、時事を論じるどころの騒ぎではない。

マダガスカルでアンモナイトの化石を拾い、ヒトの頭骨の縫合《ほうごう》と同じ模様が出現するのに気がついたり、ケニアでツルカナ湖畔の漁師が肺魚を十数匹も持ってきたから、それをウィスキー漬けにしたりして日を過ごした。手持ちの保存用アルコールがなかったからである。おかげで世の中でなにが起こっているか、まったく無関心で終わった。

考えてみれば、なぜ私が時事を論じさせられているのか、わからない。肺魚なんて、要するに数億年前からあまり変わらない魚類である。頭を見ていると、いかにも古代魚という形をしている。アンモナイトだって、恐竜のいたころまで繁栄して、あとは滅びた生物ではないか。そういうものを見る目からすれば、ただいま現在の時事なんて、大海表面のさざなみみたいなものである。つまりはとうてい時事を論じる気分ではない。

ケニアは旱魃《かんばつ》で、ナイロビは断水と停電だということだった。欧米系のホテルは水を蓄え、自家発電しているから、平気らしい。こういう面では、アフリカはいまだに、いささか植民地風だという気がする。

ヴェトナムのハノイから数十キロほどの山地に、タムダオという村がある。ここはフランス人が拓いた避暑地である。そこをはじめて訪れたとき、山腹に古代の廃墟のようなものを見た。石造りの家に爆弾が落ちた跡のように見える。同行した男が北爆の跡ではないかと思ったくらいである。

近くで見てみると、わずかに門の名残があり、表札にフランス名前の語尾が残っている。おそらく旧植民地時代の別荘を徹底的に破壊した跡だと知った。植民地戦争をした国だから、その怨みつらみがあるにちがいない。後でタクシーの運転手に聞くと、壊さなければいまでも使えたのに、という。人間には二つの種類があって、壊すのも人だが、保存しておいて、使えば使えるじゃないかと見るのも人なのである。

ケニアでは、旧植民地時代のイギリス人のクラブを、ホテルに転用したりしている。クラブ制度も一部はそのまま残しているらしい。メンバー以外は立ち入り禁止などと入口に書いてある。こういうホテルはもちろん居心地が悪い。どう見たって、現地の生活には合っていない。われわれ日本人も、似たような、本当には身につかない、いわばまがいもの生活をしているのではないか。そう思って苦笑することが多かった。

われわれの生活から見れば食うや食わずなのに、なんでアフリカでは、鉄砲を持って部族間で喧嘩するのか。現地の人にそう聞くと、そのほうがたとえば鉱山の権利を持っている会社には都合がいいからだという。これも一種の植民地の名残であろう。現地の政府がいい加減というか、それどころではないという状態なら、ある種の商売には都合がいいわけである。喧嘩するほうもするほうだが、そのほうが都合がいいと思っているほうも、ずいぶん人が悪い。だから自然淘汰じゃないか、結局はいろいろな意味で強いほうが勝つんだよというなら、その原理は十九世紀植民地主義と変わらない。腕力が知恵に化けただけである。

とはいえ、書生風の議論をしたって意味がない。現地の人だって、べつな意味では大人である。

科学的に黒人というカテゴリーはない

アフリカには部族がいろいろあって、はじめはなにがなんだか、さっぱりわからない。しかし慣れてくれば、体つきや服装でいくらか区別がつくようになる。もちろん都会でネクタイを締めて背広を着ている人たちは、世界中どこでも同じである。官僚顔をしているところまで同じだから、面白いというか、不愉快というか。

そうした部族の違いを小話にしているのが、なかなか面白い。ケニアの代表的な部族はキクユ族である。道端に倒れているのがキクユだったら、耳元でコインの音をさせるといい。生きていれば、ガバッと起き上がる。それでも起きなければ、葬式を出す。キクユ族の通訳さんがそういうのである。エコノミック・アニマルといわれたから恥ずかしいと思っているだれかより、考えようによっては、よほど大人ではないか。

ケニアの代表的遊牧民はマサイ族である。マサイは長頭で、たとえばキクユは短頭だから、見かけだけでも、あるていどの区別はつく。イギリス植民地だった時代に、マサイの大酋長にイギリスが大きな保護区を与えた。キクユの人はそういう。その土地を少しずつ買って、キクユが自分たちの土地を広げた。だから腕力で取り上げたわけではない。そう説明しながら、さらに付け加える。ただしマサイ族がまだ金の価値を理解する以前の話だけどね、と。それじゃあほとんど詐欺《さぎ》じゃないか。

部族間の対立のあるところでは、こうした意味での自分たちに対する客観性がどうしても必要になるはずである。ひるがえって、日本と近隣諸国、つまりは中国、韓国、北朝鮮との関係を考えると、それぞれがこれほど自分に客観的になれているかどうか、いささか疑わしい気もしないではない。アフリカの現地の人だって、それなりに大人だというのは、そういう意味である。

アフリカ人というと、色が黒いということで、日本ではひとまとめに見てしまうことが多いはずである。現代人類学の教えるところでは、じつはアフリカ人のあいだの系統的な違いのほうが、たとえばわれわれモンゴロイドと白人とのあいだの違いよりも大きいという。

遺伝子を調べていくと、近縁の生物のあいだで、どのくらい以前に祖先が分かれたか、それがあるていど、量的にも推定できる。研究者によっては、分岐した年代まで述べる。その原理を説明するのは面倒くさいが、ともあれそうした方法で調べると、一部のアフリカ人どうしは、いわゆる黄色人種と白人が分かれる以前に、すでに分かれてしまっていたということがわかる。

だから皮膚の色が黒い人だからといって、それだけで一まとめというわけにいかない。それが科学的にいえるのである。

ということは、たんに黒人などというカテゴリーはないということである。その内容は、はるかに多様なのである。そう思えば、なぜ部族が多いのかも、あるていどは了解できる。なにしろ祖先が遠く離れた人たちが、同じ大陸で長く暮らしているのである。それぞれの子孫もまた分岐してくるであろう。樹木にたとえていうなら、枝が根元から分かれて、その先の分岐も激しいのである。

そうした人たちを一まとめにして、黒人と呼ぶのは、たんなる便宜主義である。皮膚の色以外に、まとめる根拠がないからである。そういうまとめ方を認めるなら、黒目人と青目人という分け方をしたって、似たようなものであろう。

もっとも、肝心のアフリカの人たちが、そういうことを考えているのかといったら、そのあたりはよくわからない。なにしろ日常の生活が、人によってまったく違うのである。

日本人の祖先は故郷を捨てた人たちか

日本へ帰国するあいだに、いくつかの空港で飛行機待ちをした。その間に新聞を読んだ。そうしたら、旱魃のため、ケニアのツルカナ族が五千人ほど、タンザニアに移動している。そういう記事が載っていた。ナイロビの役人なら、そういう奴はケニア国民ではない、と怒るにちがいない。しかし、ツルカナ族はなにしろ遊牧民だから、先祖代々こういうときには移動している。草の生えているほうに移動するのである。それでなにが悪い。ツルカナ族はそういうにちがいない。

国境線なんて、植民地時代に欧州人の都合で引いた線じゃないか。だからケニアとタンザニアの国境はかなり直線状である。ケニア側ではマサイ・マラ、タンザニア側ではセレンゲティと呼ばれる大平原を、数百万頭といわれるヌーだって自由に移動している。

有名なキリマンジャロ山はタンザニアに属する。そこではケニアとタンザニアの国境は曲がっている。なぜなら歴史的には、キリマンジャロはイギリス女王からドイツ王への贈り物だからである。タンザニアは古くはドイツ植民地で、ケニアはイギリス植民地だった。しかも欧州の王室は要するに親戚だから、そういうやりとりがあっても、べつに不思議ではない。そんなことで定まった国境を、それ以前からその土地で生活しているツルカナ族が勝手に越えているとしても、私はやむをえないという気がする。

そういう面では、私自身はどちらかというと、ナイロビの官僚よりは遊牧民型の見方をする。サハラの南を全部一緒にして、アフリカ連邦にしたらどうだ。現地の人にそう提案したら、返事がなかった。無知な人間は乱暴なことをいう。そう思ったのであろう。

ひるがえって日本と近隣諸国の関係はどうかと、またいいたくなる。これは長くなるからもうやめるが、一つだけ付け加えるなら、日本人の起源が科学的にわかってくることは、ずいぶん重要ではないかという気がする。それは国民の意識を変えるにちがいないからである。

大陸に位置する近隣諸国と日本とが仮に折り合いが悪いとすれば、その原因はどこにあるか。これも乱暴にいうなら、大陸のやり方が気に入らない人たちが国を出て、日本にやってきたからだ。そう想像できないでもあるまい。日本が妙にアメリカ化するのも、そのせいかもしれない。メイフラワー号でアメリカに渡った人たちも、考えてみれば、いわば故郷を捨てた人たちなのである。

近隣諸国の人たちが日本人は歴史を消すと非難するとき、私はそうだろうなと妙に納得するところがある。なぜなら、故郷を捨ててきた人たちは、そのときにまさに「歴史を消した」はずだからである。その意味で歴史を大切にする人たちなら、まだ相変わらず大陸に住んでいるであろう。だから中国では、いまだに孔子の子孫を称する人たちが、祖先の廟《びょう》を守っている。われわれの祖先は、ひょっとするとその種のことが嫌いだから、東の果てのこの島に流れてきたのかもしれないではないか。

もっともこのていどの長さの「歴史」にしても、肺魚が今の形になってから見てきた地質時間からすれば、一時間に対する一秒ほどの時間に過ぎない。

やっぱり時事を論じる気分ではないのである。

第6章

「現代の医学」について考える

現代社会の思想と医療

（一九九七年七月、沖縄県医師会医学会特別講演）

解剖と臨床の違いとはなにか

ご存じのように近年、医療をめぐって社会的にさまざまな問題が起きています。それはなにもいまに始まったことではありません。だいぶ以前からその傾向はあったと考えられます。

私は三十年ほど東京大学で解剖という仕事をやってまいりました。解剖という仕事が臨床の仕事とどこがいちばん違うかといいますと、それは患者さんの状態がまったく変わらないことです。患者さんが変わらないといっても、解剖しておりますうちに、たしかに変わっていきはします。つまり、医師の方であればご経験があると思いますが、解剖しているライヘ（Leiche，ドイツ語で死体を表す）の形がどんどん変わっていきます。ある日気がつくと、見るも無惨という形になっている。しかし、解剖している本人は、それをなんとも思っていない。なぜかといえば、そこまで形を変化させたのは、自分自身だからです。要するに、その変化とは私がやっていることであって、私がやらなければなにも起こらない。このように、私が仕事の対象としていたのは、昨日死んでいたけれど今日も死んでいるという相手です。

しかし、生きた患者さんをご覧になる臨床という仕事はそうではない。昨日と今日とでは状況がたしかに変わっていきます。極端な場合、放っておけば生きるか死ぬかが変わっていく。

世の中の仕事は二つに分けられます。一つは、問題が相手のほうに勝手に生じるもので、つまり具合が悪いといってやってくる患者さんを相手にする臨床の仕事が、その典型的な例です。相手が変わってくれるので、それに対応していくのが仕事ということになりますから、その意味では忙しいし、頭も使うし、大変な仕事です。しかし、べつの意味でいいますと、問題を自分で発見する必要がないということは、楽な面があるということでもあります。

もう一つが、解剖の仕事のように、相手が全然変わらないものです。自分が手をつけて、手をつけたことによって、自分でなにか問題を見つけ、方法を見つけて、答えを出さなければならない、全部自分でやるという作業です。多くの方が解剖をやらないのは、たぶんそれが面倒くさいと思っておられるからではないでしょうか。

医学界の大部分は臨床が占めています。解剖が占めるのはそのほんの一部ですから、一般にはやはり物事が起こったときに対処するということに慣れている方のほうが多いでしょう。しかし私などは、たとえば「現代社会とはなにか」というようなことを考える場合でも、起こった物事にどう対処するか、ではなく、なぜそういうことが起きるのか、と考えます。医療をめぐってなにか問題が起こるとすれば、それはなぜ起こるのだろう。医者が悪いのだろうか、というように考えるのです。

ここ最近、血友病、エイズの問題など、新聞をはじめとするメディアで、医療の問題がかなり取り上げられ、医学界に対してかなり批判的な論調が目立ちました。そこで今日は、なぜそういう問題が起こるのかを、解剖という仕事をしてきた私なりにお話しさせていただきます。

なぜ戦後の日本を「都市化」と定義するのか

端的に結論から申し上げますと、これは戦後の日本、戦後の歴史とはなにか、ということと切り離すことのできない問題です。一般には戦後日本は民主主義であるとか、平和主義であるとかいわれますが、理科系の考え方からはどうもピンときません。あるいはポストモダンということばすらありますが、モダンとはなにかということもきちんと定義されていないのに、ポストモダンといわれたところでわかるはずもありません。これも乱暴に聞こえるかもしれませんが、私は戦後の日本は「都市化」と定義するべきだと考えております。

昨日、那覇に着いてから、北のほうへ車を走らせましたが、風景は完全に「都市」だと感じました。沖縄の戦前をご存じの方にはいうまでもありませんが、この那覇の町もいまとはまったく違うたたずまいだったでしょう。

私は鎌倉に育ち、いまも鎌倉に住んでおりますが、戦後すぐ、町に鎌倉銀座という通りができたことは印象的で、そのときのことはいまでもはっきり覚えております。おそらく戦後、日本中のあちこちの町で同じことが起こったのではないかと思います。これはべつに政府が強制したわけではありません。それなのに日本中に何々銀座が生まれたのはなぜかといいますと、戦後にごくふつうの人々が自分の住む町をどうしようかと考えたときに頭に浮かんだのが、ここはもう田舎ではない、都市にしたい、ということではなかったのかと思うのです。そしてこの傾向は、その後も滔々《とうとう》と続いてきた。

現在の日本は、ご存じのように物流だけを考えても五億トン以上の物質が入ってきて、それに付加価値をつけて二億トンから三億トンの物質を外に送り出しています。残った数億トンは日本にたまる一方なのかと思って心配しておりましたら、その大部分は石油だからエネルギーとして使ったあとは残らないのだそうで安心しました。とにかく、物が入ってきて付加価値がついて出ていくこと、それで生きているところが都市です。そう考えますと、日本全国どこを歩いても、もう都市ではないところはないという気がします。

私は戦後の日本を「都市化」と定義する以前は「脳化」と呼んできました。なぜかといいますと、都市は自然には存在しない、人間の頭のなか・脳から生み出されたものであるからです。いちばんはっきりしているのは、土地自体がすでに人工であることで、まさに東京がそうですが、あれは江戸時代に完全に人工空間として作り出されたものです。江戸の下町にしても、もともとあんなところに土地はなかったわけで、江戸城を造るときに丘を削ってお堀を掘り、その土砂を持っていって浅瀬を埋め立てて造った土地です。もっとさかのぼって、たとえば平城京、平安京でもそうですが、本来は野原や林があった土地を更地にして、碁盤目の道路を引いています。直線の道路は自然にはもちろん存在しないわけで、人間の頭のなかにしかないものです。仮想空間といってもよいと思います。自然の空間であればニュートンの法則が成り立ちますが、仮想空間にそういうものはありませんから、ここにはさらに人工的な法則、ルールをおくことになります。それが官僚制度や法制度、江戸時代ならあるいは家制度が典型ですが、そういった制度です。

ゴキブリが嫌われる理由

都市のもう一つの特徴は、徹底して自然を排除するということです。「脳化」とはべつのいい方をすると「意識化」ですから、意識がつくらなかったもの、意識的にコントロールできないものは都市のなかに置かないという約束事が「無意識」のうちになされます。

意識がつくらなかったものをいかにいまの人が嫌うかということは、ゴキブリを例にあげるとわかりやすいかと思います。ゴキブリは本来人間が嫌うものですが、それにしても嫌っている方がはなはだしく多い。

みなさん方がいまお座りの空間、これは本来どこにあったか。設計した人の頭のなかです。あらかじめ設計図が引かれ、その結果としてこの部屋ができています。内装も、内装した人の頭のなかにあったものです。だから、みなさんがお座りの空間は、この会場をつくった人の脳のなかだということができます。そして、その人の脳のなかには、当然ゴキブリはいなかったと考えられる。ですから、いまここにゴキブリが出てくると非常に具合が悪いことになるのです。徹底的にゴキブリが嫌われるのは、そういうことです。先日、九州の福岡で講演をしている最中、まさにこのような会場でしたが、本当にゴキブリが出てきました。するとどうなるか。主催者がゴキブリを見つけて、大急ぎで走っていって踏みつぶしていました。

設計図にはないゴキブリが出てくる。まず第一にその必然性がわからない。つぎにそれが、どういう行動をとろうとしているのかがわからない。飛ぶつもりなのか、歩きつづけるつもりなのかがわからない。これがさらに不安をあります。しかし、これこそが自然そのもののいちばんの特徴なのです。人間がつくっていないものとは、こういうものなのです。

私が都市のなかで気になるものの一つに道路の舗装があります。なぜ、あれだけ徹底的に自然の地面を嫌うのか、とにかく裸の地面があれば、アスファルトやコンクリートを敷いて舗装してしまうのが、戦後の日本でした。これはおそらくゴキブリ嫌いと同じことです。裸の地面は、雨が降ると泥んこになるし、乾いたら乾いたで埃《ほこり》が立って云々というのは、たんなる理屈だと思います。要するに裸の地面が気に入らなくて埋めてしまう。

ヨーロッパの中世もそうでした。ヨーロッパでは中世以降に城郭都市ができますが、フランクフルトでもパリでもロンドンでも、数百年も前から道路を敷石で舗装をしています。昔、日本の道路事情が悪かったころにこれらの都市に行った方は、「ヨーロッパはさすがに違う。数百年も前から道路を舗装しているとは、進んでいるものだ」といっていましたが、それはたぶんものの見方が違っている。たんに都市だから裸の地面が気に入らない、だから石を敷いてこれを塞いでしまおうというわけだと思います。

都市化の進行が人間の身体にもたらすものとは

こうして都市化が進んできますと、当然のことですが、どうにも引っかかってくるものがある。人間の身体です。人間の身体は、人間が設計図を引いたものではありません。しかし、こればかりは排除することができない。気に入りませんから、ヒューマン・ゲノム・プロジェクトが発足して、人間の設計図はどうなっているのかを徹底的に追究しようということになります。

自然をできるだけ読める形にして、つまり意識化してしまおうというのが、本来の自然科学です。しかし医学は、都市化にとって具合の悪い、人間の身体を扱うわけですから、奇妙な位置に追い込まれます。つまり、本来は都市の外側に出してしまうべきものだが、出すわけにいかないものをどう扱うか。自然科学としては、矛盾した存在になりますが、私は近代医学とは、まさにそういった自然の排除が人間の身体に及んだときの、それに対する「収容所」として成立しているのではないかと考えています。

自然の排除、身体の排除ということを、もう少しわかりやすく説明します。典型的なケースとして、まず食事と排泄《はいせつ》が挙げられます。この二つは礼儀作法という形で統制されているものです。つまり、好きなときにどこでも食事をしていいというわけでないのは、都市化すればするほど顕著になります。その結果、私はたいへん奇妙な習慣だと思うのですが、昼の十二時になるとサイレンを鳴らして、全員がいっせいに飯を食べはじめる。都市化するとはそういうことです。これが自然のなかで作業をしているのであれば、生体のリズムによって、あるいは仕事の調子によって調整されるのがふつうです。

排泄も同じで、徹底的に統制されています。子どもが社会に入るとき、最初に行なわれるしつけは排泄のしつけです。フロイトがそれを問題にしたことは、みなさんご存じのとおりです。これも都市化すればするほど統制が厳しくなりますから、たとえば現在、立ち小便を見かけることはほとんどなくなりました。立ち小便をするのは、いわゆるボケ老人ぐらいかもしれません。

二番目に挙げられるのが性の問題です。どこの都市でも起こっているものですが、江戸を例にとれば、典型的なものとして吉原がつくられています。吉原には門があり、なかにいる人間はそこ以外に外へ出ることができなかったことは、よく考えるとたいへん象徴的なことです。封建制とかなんとかいうよりも、これはゴキブリではありませんが、自然の身体を外に出してはいけない、ということと関係が深いような気がします。

そして三番目に挙げられるものとして、暴力の排除があります。戦争の後、とくに沖縄の場合もそうかもしれませんが、私は日本全体がきわめて強く平和を志向したのは、本当に意識的に平和を志向しただけではなくて、じつは都市化の産物が同時に伴なったのではないかと考えるのです。

元来、都市というものは非常にはっきりと暴力を統制する場所です。ヨーロッパでは、平和でなければ都市は成り立たないということがよく知られています。「都市の平和」と呼ばれているものです。日本の場合、平和が長く続いたのは江戸時代です。横路に逸《そ》れますが、私どもが学校で歴史を教わったときには、江戸というのはまず封建制度で、侍が二本差しで町を歩いていて、いつ斬りつけられるかわからない、そういった殺伐とした時代だと教わった記憶があります。でもこれはまったくの間違いです。

たとえば、江戸時代の都市の平和を典型的に表しているのは、「忠臣蔵」です。浅野内匠頭《あさのたくみのかみ》が切腹を命じられますが、そもそも当時の大名は二本差しのくせに、江戸城に入ると大刀は預けなければならず、帯刀が許されるのは脇差しだけです。その脇差しを城中で鞘走《さやばし》ればそれで切腹ということになりました。浅野内匠頭が切腹になった形式的な理由は、おそらく殿中松の廊下で脇差しを鞘走ったということだろうと思います。つまり、二本差しで侍が歩いていたとしても、暴力は徹底的に統制されていた。喧嘩両成敗というのも、その例の一つとして挙げられると思います。

こうして話をしている私が服を着ているというのも暴力の統制の一つだといえます。そういえば戦後は裸で働いている人はほとんどいなくなりました。

洋服の需要が高まりました。沖縄は東京にくらべればかなり暑いですから、私もじつは服を脱いでしまいたい。しかし、これは想像していただくと困るのですが、私が裸で壇上に出ると決めて控え室で服を脱いでしまったとすると、松の廊下で抱き止められるに決まっています。裸の人間が舞台に上がるということは、明らかに禁止されていることです。なぜ禁止されているのか、ということについて、私は小学校以来教わった記憶はありません。

私の身体がどういう形であろうと、それは根本的に私のせいではありません。勝手にそういう形になったのであって、どこに毛が生えていようが生えてなかろうが、知ったことではないのです。にもかかわらず、そういうものを見せることは禁じられている。これは、なぜ禁止されているか、ということが問題なのですが、ヘアヌード論争でも見たとおり、私たちの社会は、都市化すればするほど、人体を交換可能なものと見なそうとするのです。

お葬式があると、私たちは黒い喪服を着て出かけます。こういった服装の統制もしだいに強くなってきています。これはどういうことかといいますと、私たちの身体は本来自然ではありますが、カメレオンではないので、だれかが死んだからといって黒くなれるわけではありません。その代わり、喪服を着ることによって、おたがいにあたかも身体は交換可能であるという見なしを与え合うのです。喪服はそういう機能を果たしている。本来交換できない身体というものを、たがいにあたかも交換できるかのようにいじる。それが化粧の原理であり、床屋に行く理由であり、みだしなみの原理だろうと思います。

世界には外側の自然が強力に入り込んでくる社会ももちろんあります。ニューギニアや南米の奥地などに行きますと、いまでも人間は裸で暮らしています。それはかつて野蛮である、というようにいわれてきました。しかし、そうではない。自然というものがどのていど現実としてその社会の人間の頭のなかに存在するのか、ということに関わっている問題だということが、もうおわかりいただけたのではないかと思います。

生老病死を抱えた身体

すべてのものに人間的意味があると考える日本人

さて、問題は近代医学の置かれた位置がちょうどここに引っかかってくるということです。戦後、非常に強く現れた現象として、死を迎える場所の変化があります。たとえば東京ですと、三十年前にはおそらく五割以上の方が自宅で亡くなっていましたが、現在では九割以上の方が病院で亡くなっています。この現象が医師会にとって好ましいかどうかはべつとして、これではっきりわかることがあります。死がいまお話し申し上げた身体の排除にあたるということです。解剖を長年やるうちに、つくづく感じたことでもあります。

死ぬということは、かつては日常生活の一部でもありました。事実、私の父親は自宅で亡くなりました。そのとき私は四歳でしたが、臨終に立ち会っています。その結果、さまざまな心理的問題を引き起こしたことも事実です。いま、それについてお話しする時間はありませんが、よく覚えています。死は日常的に存在するものでした。しかし、現在では、死は日常から隔離された病院のなかで起こる特別なできごとになりました。

人間の身体が抱えている性質を、私は「生老病死」といっております。生まれること、年をとること、病気になること、死ぬことの四つで、これはすべて医学の持ち分です。これは本来仏教用語で、四苦八苦を意味します。このうち「四苦」にあたるのが「生老病死」、「八苦」はこれに伴なう感情です。人を愛することは人間の自然ですが、人を愛するといずれ相手と別れなければならない。極端な場合、死に別れなければならない。そういう悲しみも「八苦」の一つにあたります。

釈迦の説話に「四門出遊《しもんしゅつゆう》」といわれているものがあります。この話の前提から申し上げると、まず釈迦は、周辺を城壁で囲んだ城郭都市に住んでいました。これは寒いから洋服を着るのとまったく同じ意味で、外敵を防ぐために城壁があるのです。そして先ほどいいましたとおり、服には寒さを防ぐというのとは違う、べつの機能があるように、城壁にもまったく違う機能があります。私はその種の機能を「結界」と呼んでいます。つまり、城壁で囲まれたなかは、人間がつくった世界、すなわち意識の世界であり、都市であるということができます。具体的に城壁がなくても構わないのですが、ただ城壁をつくれば、なかにあるものをはっきりと確認できる。こうした「結界」のなかに住んでいた釈迦が若いとき、――こういうところですから門が当然四つあるわけですが――門を一つずつ出て外へ遊びに行く。要約すれば、第一の門を出て赤ん坊に会い、第二の門を出て老人に会い、第三の門を出て病人に会い、第四の門を出て死人に会う、という話です。この説話が歴然と示していることがあります。つまり、いったん都市を出ると、人間の自然に出会うということで、それが釈迦の時代からさして隔たっていない当時のインドで、先ほどから私が申し上げているような、都市とはなにか、といったことが理解されていたことがわかるのです。

日本が明治以降につくってきた近代医学は、社会が身体を日常生活の外側に排除していくにつれて、その排除された身体を医学界に取り込んできた歴史そのものです。ですから、現在では人間が生まれるのは病院になりました し、老人は特別養護ホームに入り、病人は入院するのが当然となり、死は病院で起こるものになった。

戦後の日本が都市化したということは、このように身体の自然さえも意識のなかで人々がすべてコントロールできると考えるようになってきたということです。人々がすべてのものになんらかの人間的な意味があり、人間的な効用があると考えるようになるのです。

空襲と大震災では心の傷が違うのか

一九九五年に起こった神戸の大震災は、どこからみても自然の現象です。人間的な意味はありません。今年一月、『科学』という雑誌に、震災後二年で神戸市民の受けた心の傷がどうなったかを主題とした論文が載りました。筆者は冒頭に、神戸はここ半世紀のあいだに二度同じような災害を被っていると書いています。一つは、この前の戦争による空襲で、町は焼け野原になった。もう一つが、五十年後、このたびの震災だというのです。その両方をくらべた結果、筆者の結論はつぎのとおりです。戦災のほうが人々の心の傷は浅かった。なぜなら、戦災には人間的意味があったからだ、と。沖縄の方がこれをどうお考えになるかわかりませんが、その方はそう書いています。つまり、人間的意味があるというのは、どういうことかといいますと、戦争中ならとにかく鬼畜米英といっていればよかったし、戦後になれば東条英機が悪かったのだと、とにかくそのような意味づけをすることができたということだろうと思います。

それに対して今度の震災では、人間的な意味を見つけることができない、したがって心の傷が深いというのですが、私は驚いてしまいました。なぜなら、日本という国は、ご存じのように自然の災害はごく当たり前のところだったはずです。私たちは小さいときには、自然災害では仕方がない、といったものではなかったか。「仕方がない」ということばを使うのは、遅れた、田舎の人たちだ。この戦後の歳月に、なんとなくそう教わったような気もします。人文社会科学の関係ではとくに、世の中について「仕方がない」といってはいけないのであって、それは権利を主張しなければならないとか、そういうことであろうと思います。でも、田舎の人は「仕方がない」ということばを使ってきましたし、それはそれだけ自然と折り合って暮らしてきたからです。しかし、都市のなかはすべて人間の意識の世界ですから、そこで「仕方がない」というと、損をしてしまうことになる。それで、「仕方がない」

がなくなってきたのです。

私のところへ来ている研究生に神戸の人がいました。震災のあと、一カ月ほどして東大にやってきてこんな話をしました。彼は、神戸市内に小さいながらオフィスをもっています。震災の翌朝、そのオフィスのあるビルに行くと、ビル自体はなんともない。少し安心しながら、自分のオフィスのドアを開けると、——彼は非常に几帳面な人なのですが——部屋のなかがぐちゃぐちゃになっている。その惨状を見た瞬間、彼はかーっと腹が立って、こう叫んだというのです。「だれがこんなことしやがったんだ！」と。私は笑って思わず「あんたは都会人だね」といったのですが、要するに地震だということがわかっているのにこういう反応をしてしまう。「先生、まだ腹の虫はおさまりません。こうなった以上は天皇陛下にやめてもらうしかありませんな」と、こうですから。

つまり、すべてが人間の意識である世界に住んでいれば当然のことですが、すべては人間の責任になります。用水池があって子どもがそこに落ちれば、だれがこの用水池をつくったのか、ということになる。沖縄で仮にハブに噛まれたとしても、だれがそこにハブを放したのか、ということにはならないだろうと思います。しかし、そのうちにそういうことになる。それが都市というものです。一年前の夏、病原性大腸菌O－157が発生したときに印象的だったことがあります。堺で最初に発生して娘さんが入院した。そのお母さんが病院に入っていくところをテレビが撮影していたのですが、お母さんはテレビに向かって「この責任をだれがとってくれるんだよ」といったのです。

世界史的レベルで「都市化」を考える

こういう考え方を進めていくとどこへ行き着くか。はたと思ったことがあります。また話が飛ぶと思われるかもしれませんが、それは宗教で唯一絶対神がなぜ人格神かということです。唯一絶対神を信じる宗教としては、ご存じのとおりキリスト教がそうですし、イスラム教がそうで、ユダヤ教もそうです。このなかでいちばん古いのはユダヤ教です。この唯一絶対神の非常に大きな特徴が、人格神だということなのですが、元来宗教というものは、人間が頭で考え出すものです。イスラム教では、何事もアラーの思し召しといいます。ここに、すべてが人間の意識の世界になった人が宗教を作り出しているということがはっきりと現れています。ですから、人格神も基本的に人だということになります。イスラエルの神様は怒りますし、焼き餅も焼きますし、いろいろと人間らしい反応をします。

さて、ユダヤ教にせよ、イスラム教にせよ、キリスト教にせよ、すべて都市宗教です。ユダヤ教がいかに古い都市宗教かといえば、ユダヤの歴史を繙《ひもと》いてみれば、「バビロンの捕囚」ということばがあることからもわかる。バビロンは典型的な古代都市ですが、そこに捕らわれたユダヤ人たちは、以後もそのような苦難の歴史をたどります。しかし、そのなかで一度も自分たちのアイデンティティを失っていません。つまり、都市生活をするにあたっての非常に重要なことは、いかにして自分たちのアイデンティティを保つことができるかということなのです。

それ以前の、都市生活をする前の人々のアイデンティティは、なんといっても土地そのものです。要するにその人のアイデンティティにとっていちばん重要なのは、どこの出身かということで、たとえばレオナルド・ダ・ヴィンチはヴィンチ村のレオナルドということです。しかし、都市はいろいろなところからの人々がごちゃごちゃに混じっているところです。どこの出身かということには、あまり意味がなくなってきます。そうすると、人々がアイデンティティをいかに確保するかというときに、都市宗教が非常に重要な役割を演じる。中近東は人間の歴史のなかで非常に古くから都市が成立したところの一つです。そこでユダヤ教やイスラム教のような唯一絶対神を中心とする宗教が現れたのは不思議ではない。

この図式を拡げていきます。中近東から地中海沿岸には、いわゆるヘレニズム文明という都市文明が成立します。とくにローマ帝国の大都市としては、ローマとコンスタンチノープルが挙げられます。ローマとコンスタンチノープルに広まったユダヤ教の亜流、もしくは新興宗教がキリスト教です。そして、ヘレニズム文明が滅びると同時にキリスト教は、侵入してきたゲルマン人のなかに広がります。その過程で成立したのが、ローマ・カトリックです。だから、ローマ・カトリックはどちらかといえば田舎化した都市宗教ということができます。

中世に入ると、ゲルマン人自身が都市をつくるようになる。前にも述べたように、それがフランクフルトであり、パリであり、ロンドンですが、これらの都市に発生したのが、プロテスタントです。カトリックにくらべてプロテスタントが典型的に都市宗教的な性質を持っているのは、このためです。そのプロテスタントが大勢で移住してつくった国、これがアメリカです。

つぎにアジアを見ると、典型的な古代都市文明としてはインドがあり、中国があります。日本人は中国というとすぐに儒教を思い浮かべますが、私は儒教は宗教というよりも、都市の論理だと考えています。

ちょっとお考えいただきたいのですが、現在仏教国はどこにあるでしょうか。日本、モンゴル、チベット、ネパール、ブータン、ミャンマー、タイ、カンボジア、ラオス、ヴェトナム、スリランカです。世界地図を見るとものみごとにわかりますが、インドと中国という仏教の本家本元で仏教はきれいに消えてなくなり、残っているのは完全にその周辺だけです。ですから、仏教は都市宗教ではなく、自然宗教だと私は考えます。自然宗教は当たり前の話ですが、自然が残った地域に残ったのです。

古代都市では、都市を維持するためのエネルギーは森林ということになります。なにをするにしても、薪を使うしかないからです。中国で秦《しん》の始皇帝の陵墓が発掘されていますが、そこから千体を超える等身大の人馬の陶器が出土しました。兵馬俑《へいばよう》と呼ばれるものですが、こういったものをつくるにも、薪が使われたはずです。薪をどんどんエネルギーとして使うとどうなるか。一目瞭然、森林が後退します。

たとえば現在、みなさんもよくお出かけになる西ヨーロッパは、平原が広がっているように見えます。しかし、あれはもともと平原だったわけではありません。中世以降、ゲルマン人が森林を削っていった結果、平原になったのです。森林を伐り、削り終わったのは十九世紀で、最後の森はポーランドに残った。

中国ではもっとはるか昔に森林を伐り終わっている。すると、残った自然と都市とのあいだに、ある循環が成立しているのがわかります。文科系の方が中国史をいかに詳しく書かれても、理科的には中国の歴史はここ二千年のあいだ、ひたすら循環しているように見えます。秦が中国を統一して以来、王朝は隋、唐、五代、宋、明、清と並びますが、その一つ一つを区別しなくても、中国はだいたい同じような歴史を繰り返しているような気がする。それは、残った自然と都市とのあいだに、ある循環が成立して、それに根本的な変化が起こらないからです。

現在、中国が変わりつつあるように見えるのは、石油というエネルギーが入ったからです。都市は自分自身ではなにも生み出すことはできません。したがって、それがなんらかの意味で上昇するには、外からエネルギーを加える必要がある。現在は石油が嵩上《かさあ》げしている。中近東も同じことで、石油がなかったら元の木阿弥といいますか、二千年来の歴史を繰り返すだけだろうと思います。

このように見方を変えれば、私たちが教わってきた世界史とはまったくべつの世界史が現れてきます。北アメリカ、そして日本といった、現在高度先進社会とか、技術社会とかいわれている地域は、要するにここ二、三百年で急速に都市化してきた地域だと定義することができます。建国二百年を迎えたアメリカも、しばらく前までは西部があって、バッファローが平原を埋め尽くす、きわめて自然の多い土地でした。西ヨーロッパは中世から営々と森林を削ってきた土地です。北アメリカも日本も都市化している時期が現在なのであって、なかでも日本はそれがどうやら終点にきつつあるように感じられる。この見方をすれば、べつに高度先進社会もへちまもありません。世界史的レベルでいえば、たんにその時期に都市化しているということにすぎない。技術というものはその時代、時代によって尺度が違いますから、非常に進んでいるように見えるとしてもそれだけのことです。同じ人間がやっていることですから、古代都市と基本的にはなんの変わりもないのです。

医療における神経系と遺伝系の問題とは

今日は医療の話のはずで、世界史じゃないよ。そう思う方もあったかもしれません。しかし、ここまでの話を、現代生物学の用語でいい換えることもできるのです。都市は人工、つまり意識がつくったものですが、身体は自然である、意識がつくったものではない、と述べてきました。では意識とはなんだろうか。もちろん脳の産物です。では身体とはなにか。これは遺伝子の産物です。それなら都市と身体の関係とは、個人でいうなら「心と体」という問題に相当することになります。これは哲学では、古くから心身問題といわれてきたものです。

いまの生物学では、情報ということばを使います。遺伝情報という。これは簡単にいうなら遺伝子のことです。それなら脳はどうか。脳が使うもので遺伝子に相当するものはなにか。じつはそれがことばです。それはちょっと違うんじゃないの。遺伝子は「身体をつくるもの」だけど、ことばは「脳がつくるもの」じゃないか。

おそらくそうではありません。遺伝子とことばは、よく対応します。遺伝子は細胞のなかで働きます。遺伝子が情報だとすれば、これは「生きた細胞」がないかぎり、情報として機能しません。つまり、遺伝子の解読装置が細胞なのです。

ことばはどうでしょうか。脳がなければ、これも機能しません。テープ・レコーダーのなかに、今日の私の講演は完全に入っています。しかし、そのテープを音声にする機械がなければ、私の講演を聞くことはできません。さらにその機械が私の音声を忠実に復元しても、聞く人がいなければ、そのことばにまったく意味はありません。正確にいうなら、ことばも遺伝子も、情報記号です。情報記号はそれを翻訳する装置と一体になってはじめて、情報として機能します。ことば―脳、遺伝子―細胞という組み合わせが、じつはヒトが持つ二つの情報装置なのです。

現代生物学の主要なテーマが、じつはこの二つの情報系をめぐるものであることは、もはやよくおわかりだと思います。つまり脳と遺伝子です。ただし、この二つを並べるのは、概念的にはおかしい。むしろ、ことばと遺伝子という記号情報に対するに、脳と細胞という生きているシステム、その両者が対置されているのです。

こうして、ことば―脳、遺伝子―細胞という情報系を対置すれば、ヒューマン・ゲノム・プロジェクトの意味もよくわかるはずです。これは人間の遺伝子をすべて「読んでしまう」という計画です。「読んでいる」のは、誰でしょうか。脳です。読んだ結果はどうなるか。A、T、G、C（DNAを構成する四種類の塩基）という四文字のアルファベットの組み合わせが三十億並んだ本ができます。つまり、ヒューマン・ゲノム・プロジェクトとは、細胞―遺伝子という情報系を、脳―ことばというべつの情報系に「翻訳する」作業なのです。読んでいるのは脳ですから、結果は「アルファベットで書かれた本」になります。それでなければ、脳は「読むことができない」ではありませんか。

ご存じのように、脳という情報系がアウトになったケースが脳死です。脳死であっても、遺伝子系は機能しています。植物だってアメーバだって同じで、脳がなくても生きていくことができる。ただたんに生きているということばを使うのであれば、遺伝子系が機能していれば生きているといってよいのです。機能している細胞が一個でもあれば、私たちは生きていると呼んでいます。しかし、現代社会において、神経系が回復不能のダメージを受ければ死んだとみなしてよいということになっているということは、ここまでの説明でもうおわかりかと思います。すなわち、現代社会は基本的に神経系が機能していなければ、生きられないということです。

当然、医療をめぐるさまざまな社会的な問題も神経系の問題です。それに対して医療そのもの、医学研究が基礎研究として追究してきたのは遺伝子系の問題です。ここに一つの手抜きがあったと考えられます。

人工身体と自然の身体

つぎの問題は、脳自体がどういうことをやっているかということです。私がなぜ世界史のことまで申し上げたかというと、従来私たちが考えてきた人文科学は、人間の側から見ると基本的に脳の科学の範疇《はんちゅう》に入るものだと思うようになってきたからです。医学で私たちが教えられてきたのは、意識にならないものをいかにして意識のなかに取り込むかという論理的な操作でした。それに対して、現在起こっている問題は、べつの面から起こっている。それは人間の脳がつくってきた社会に、自分たちの身体、すなわち「生老病死」をいかに適応させていくかという問題です。

これはなかなかうまく機能していません。だからこの機能しない分が、どこにかぶっているかというと、二つある。一つは医者本人にかぶっている。もう一つは、当然のことですが、患者さんにかぶっている面もあります。私はそれをどうも医者が気づいていないのではないかと思うのです。

こうして考えていくと、自然であるはずの身体が二つに見えてくるのではないかと思います。一つは私が人工身体と呼んでいるもので、論理的にはっきり意識化されていった身体です。とくに臨床の先生方ですと、いわゆる科学的、医学的側面からはかることができるもので、典型は検査の結果を示す数値です。現在大病院で医者が見ている身体とは、基本的に検査の結果、数字のことです。臨床医が患者さんの身体をじかに見ることは非常に少ないだろうと思います。検査で出た数字こそが「あなたの身体ですよ」と、私はよくいうのですが、たとえばCTスキャンの画像がそうで、あれは画像にしているからいかにも本物のように見えますが、なんのことはない、コンピュータの数字にすぎないわけです。

ですから、この人工身体は、自然科学的であり、論理的であり、その意味で透明なものです。異常値はだれが見ても異常値で、普遍的だということもできます。いかに普遍的かは、健康保険制度のなかで働いておられるからよくおわかりだと思いますが、糖尿病ならば診断にある基準があって、それに対してある特定の治療が与えられるという意味で糖尿病なのです。ということは、すべての身体はある意味では同じだということになる。

この人工身体に対して、私は自然の身体を置きます。生老病死を抱えた身体です。これは人工身体とまったく逆で、歴史性を持った一回限りの不透明なものです。ガンの末期医療は、当然この自然の身体のほうに属する問題だといえます。この自然の身体に対する手当てを現在では「ケア」と呼びます。キュアは人工身体に対する手当てをなんと呼ぶか。「キュア」と呼んでいます。キュアはだれがやっても同じものです。ところが、ガンの末期になると医者はしばしばこういいます。「現代の医学では手がありません」と。こうなったときにたちまち自然の身体が浮上してくるのです。つまり、その患者の方がこれまでどのような生き方をしてきたかということが、その後の生き方を決める。この二つの身体はもちろん、実際には完全に分けられるものではありません。しかし、自分が見ている身体が、人工身体なのか、自然の身体なのかということを意識するようになっている方が最近増えているのではないか。
そう思います。
さて、時間になりました。これで終わります。どうも有難うございました。

医療に甘やかされた日本人

牛乳回収騒動に思うこと

暑い季節には、もちろんなにか飲料を飲みたい。とはいえ私はビール党ではない。さらにいわゆる酒飲みでもない。いまでも酒を飲むと、すぐに顔が真っ赤になる。若いときには、ビールをコップに半杯飲むと、文字どおりひっくり返った。そういうときは、たいてい頭が痛くなって、一晩中うなっていた。

それなのに、三十代の後半から酒が飲めるようになった。始まりは要するにヤケ酒である。たとえ気分が悪くても、吐いても、ただひたすら飲みつづける。それをしばらく続けていたら、なんとお酒が飲めるようになってしまった。基質を与えつづけると、誘導酵素が出る。生化学的にいうなら、そういうことらしい。肝臓のなかでアルコールを分解する経路が、どんどん強化されるのである。ついには一晩にウィスキーを一本、あけられるようになった。とはいえ、そんな飲み方は、そう長くは続かない。もともと酒好きではない体質だから、年齢とともにだんだん飲みたくなくなって、還暦を過ぎたら、まったくといっていいほど、酒類を飲まなくなった。

最近はだから牛乳を飲む。そもそもウシの子どもが飲むはずのものを、私みたいな人間の年寄りが飲んでいいものか。そういう疑問もあるが、昔から飲み慣れた飲料だから、それでいいということにしている。いまはありとあらゆる種類の飲み物があって、たいていは奇妙なカタカナの名前が入っている。おかげでなにがなんだか、中身がさっぱりわからない。年寄りは保守的だから、そんなものを飲む気がしない。その意味では、牛乳なら古典的飲料として口にしても安心である。

ところがある日、その古典的飲料が冷蔵庫に入っていない。牛乳はどうした。女房に向かってそうわめいたら、雪印の事件で回収されたから、出入りの八百屋が届けてこないという。だれかが中毒したらしい。牛乳を飲んでだれの具合が悪くなったのか知らないが、だからといって俺の飲料まで取り上げる権利があるのか。そこでまたそうわめいた。家では私は、その種のわけのわからない文句をいう癖がある。

私が教わった高校の化学の先生は、牛乳は固まっていても飲んで大丈夫だと、生徒たちの目の前で飲んでみせた。自然にヨーグルトになっただけのことなのである。

とにかく事件以来、八百屋が牛乳を届けてこない。私は牛乳にあたったわけではないが、あたってない人にまで、なぜ牛乳が回ってこないのか。近頃いちばんわからない話である。

八百屋が牛乳を届けてこないと書いたので、変だと思った人もあるかもしれない。わが家に牛乳を届けてくれるのは、八百屋であって、牛乳屋ではない。どこから手に入れようと、牛乳には変わりがないから、それでいい。販売経路が常識的でないだけの話である。どうせ八百屋で買い物をするついでに、牛乳も買えたら便利ではないか。要するに八百屋がスーパー化しただけである。

現代日本人の虚弱体質

スーパーから牛乳がなくなるのは勝手だが、なぜ八百屋からもなくなるのか。中毒の原因は黄色ブドウ状球菌の毒素だとかいう。自慢ではないが、私はこの菌による腹腔内膿瘍《ふくくうないのうよう》で、昭和十九年に東大病院に入院して手術を受けた。当時は食糧事情が悪く、牛乳を注文したら、ほとんどの成分は、米のとぎ汁という時代だった。病院食の味噌汁には、落語でいうとおり、いつも黒豆だけが入っていた。味噌も代用品ではなかったかと思うから、落語の「味噌蔵」にある話より悪い。もちろん黒豆なんか入っていない。味噌汁に自分の目玉が映っていただけのことである。

そのあと、ブドウ状球菌のアレルギーで数年苦しんだ。だからもはやこんな菌には、びくともしない。医学の素養のある人は、私が無茶苦茶をいっていると思われるであろう。ともあれ私の子ども時代は、この菌との付き合いに明け暮れた。だから、ほかの人も付き合えばいいのである。こんなものは大腸菌と似たようなありきたりの菌だから、それに付き合えないようでは、今後丈夫に生きていくこともむずかしいはずである。

牛乳回収騒動の背景には、いくつかの事情があろう。まず日本には乳製品をとる伝統がない。そのために、乳成分に含まれる一部の物質を分解する能力が弱い人が多い。私もその典型で、まともなフランス料理は食べられない。とくにあの白いソースがいけない。フランス料理を食べるときは、あのソースは避ける。以前テレビで、タモリが同じようなことをいっていた。ときに食べてみるが、たちまち胸がいっぱいになって、食欲がなくなる。さらにあとで下痢をする。これは料理のせいではなく、体質なのである。それならあたったわけではない。食べるほうがいけないのである。

もう一つは、現代日本人の虚弱体質である。細菌は目に見えない。見えないから、どんどんその恐怖が増幅される。しかし細菌はどこにでもいるものので、そんなものを怖がりすぎると、使いものにならない人ができる。

私は年中、東南アジアに昆虫採集に出かける。昨年はバンコクの空港ホテルで食中毒になった。生まれてはじめてである。この私が中毒したのだから、かなり激しい毒だったかと思う。ラオスから帰国する前日、たまたまバンコクで飛行機を乗り継がなければならなかった。そこでいつも使う空港ホテルに泊まった。

一人で夕食を摂った。食後二時間ほどで、まず胃が痛み出した。ビュッフェ形式だったから、なにが犯人か、いまだに不明である。やがて下痢と嘔吐がはじまった。そうなったら、徹底的に出すべきものは出してしまうしかない。吐くほうは胆汁が出るまで吐いた。そこまで吐けば、胃にはなにも残っていないことは明白である。ケチケチして、いったん食べたものを吐かない人がいるが、これはよくない。動物をみればわかる。具合が悪いと、サッと吐いてしまう。

下痢のほうも徹底的だった。それでおなかが空になったら、スポーツ飲料の類を飲む。空にしながらでもいい。吐くものがないと吐けないから、途中で飲んでいい。飲んで、水とイオンを補給する。下痢や嘔吐の問題はそれ自体ではない。そこから結果として生じる脱水と、イオン・バランスの悪化だからである。

あとは薬も飲まず、医者にも行かず。一週間ほど、いくらか腹の具合が違うのはわかったが、それだけだった。医療費は要するにタダ。ホテルのフロントにスポーツ飲料を持って来いといったら、もう遅いから店が閉まっているという。それなら塩と水でいい。そういって、塩と水を持ってこさせ、適当に塩水にして飲んだ。医者を呼ぼうかというから、俺は医者だといったら、向こうが黙った。医者に行っても、やることはたかが知れている。なにがあたったか、原因がわからないからである。

十分生きておくこと

私が乱暴だと思う人もあろう。しかし現代の日本人は、医療という点では徹底的に甘やかされすぎている。若い学生たちをアジアでの採集旅行に連れて行こうかと思うけれども、つい二の足を踏む。病気になったらどうしよう。そう思うからである。値段が他所より数倍高い一流ホテルでも、私のように中毒することもある。牛乳にあたって大騒動するくらいでは、私が遭ったような食中毒になれば、もはやこれまで、もう死ぬという騒ぎであろう。いまの日本人が相手では、医療費がいくらあっても、足りなくなるわけである。

そういう人たちが、さらに歳をとる。そうなったらどうなるか、もはや考えたくもない。タバコはいけないというが、長生きしてなにをするつもりか。一方ではその結果を高齢化社会と称して、困った困ったという。健康に留意するのは大切だが、それはただひたすら大事をとればいいというものでもない。

運動なら、だれでも訓練が必要なことはわかるであろう。病気もしかし、感染症のような場合には、あるていどの訓練が必要である。予防接種とは、つまりそういうことではないか。

夏にアフリカに行く準備として、黄熱病のワクチンの接種を受けた。家内は注射部位が一週間ほど赤く腫れたが、私は十五分後には接種したことも忘れてしまった。今年は虫捕りですでに三回、蛭《ひる》にたかられている。ヴェトナムで二回、奈良の春日山で一回。タバコの火を近づければ蛭は自分で離れて落ちるが、私は蛭が大嫌いである。だからそんな悠長なことはしないで、いきなりつかんで、そのままむしりとる。そうすると、なかなか血がとまらないことがある。

アレルギーのためか、以前は一年くらい、蛭にかまれた痕《あと》が痒《かゆ》かった。いまではそれもない。野外でなにかするなら、蛭くらいは仕方がないのである。もちろん蚊は危険だから、用心する。虫よけをかならず使う。怖いのはマラリアだからである。マラリアの予防薬を飲む人もあるが、予防薬自体が怖いから、病気になるまでは飲むまいと思う。

それで寿命が縮んだらどうするか。そう訊かれても、自分の寿命は計算できない。多くの人がそこを誤解していると思う。寿命を延ばすつもりで危険を避ければ、たしかに長生きの可能性は高くなろう。できるだけじっとしていれば、交通事故に遭う確率は小さい。それでも私はじっとしていられない。アフリカに行くなら、さんざん飛行機に乗らなければならない。それならもちろん事故の確率が高くなる。

安全に暮らして、人生を先延ばししておけば、長生きはできるかもしれない。しかしそれが生きていることだと、どうして思うのだろうか。九十歳を超えてホスピスに入院している年寄りが、毎日死にたくないと、文字どおりわめいているという話を医師から聞いて憮然《ぶぜん》とした。その人はおそらく思い切って生きてこなかったのであろう。人生、見るべきほどのものを見てきていれば、いまさら寿命がどうこういうことはない。死ぬのはイヤというのは結構だが、それで生きるのをやめているのでは話が矛盾している。九十歳までなんとなく生きそびれてしまったから、死にたくないとわめくのであろう。それなら気の毒としかいいようがない。死に方をあれこれ考えるなら、その前に十分生きておくことである。

第7章

「倫理」について考える

自殺を放置する「人命尊重大国」

とにかく自殺が多すぎる

この国、あるいはこの社会は、はたして人命尊重か。もちろん人命は地球より重いといって、超法規的措置をとった首相がいた国である。人命尊重の国といえないことはない。

戦時中はとうてい人命第一とはいえなかった。むしろ人命をはなはだ粗末にしたというべきであろう。なにしろ私が生まれた年に始まった中国戦線で、すでに戦病死者のかなりの割合が栄養失調死だったという国である。それを戦後五十年を記念して復刻された『戦争と栄養』(西田書店)という書物で知った。著者長尾五一は当時の軍医である。この報告は戦後十年目にガリ版刷りで各医科大学の図書館等に送られた。戦病死を餓死とは、遺族にはとうてい伝えられない。そういう心情から当時は隠されたのだという。戦病死がじつは飢え死にならば、その後に「餓島《がとう》」が生じたのはむしろ当然である。

日本軍には海上に不時着水したパイロットの救命措置がなかった。これも有名な話である。米軍には海上に不時着水したパイロットを救出する部隊があった。わが国は「仰いだ夕焼け　南の空に　未だ還《かえ》らぬ一番機」である。これは「同期の桜」。そのあとは「凱歌《がいか》は高く轟《とどろ》けど　今はかえらぬ丈夫《ますらお》よ千尋《ちひろ》の海に沈みつつ　なおも皇国《こうこく》の護り神」。こちらは「嗚呼《ああ》神風特別攻撃隊」。こういう歌を聞いてつい涙モロクなる世代は、われわれで最後であろう。『読売新聞』の調査によると、いま日本人で幸福あるいはまあ幸福と考えている人は八六パーセントに達するという。その幸福をもたらしてくれたのが、もしかすると同期の桜であり、神風かもしれないと思うと、もう一度、涙モロクなる。もちろん私は脳動脈硬化の年齢になったので、涙が出やすいのはそのためだという可能性もないではない。

特攻はいわば自ら死を選ぶ。それ以前には切腹という伝統があった。これがどういう意味のものか、十分に理解されているとはいえないはずである。戦後の教育では、切腹がなんであったかは、むしろタブーとなったような気がする。そんなものは、いまはない。だから考える必要はない。それも「生活の知恵」かもしれないが、ひょっとすると切腹の背景はまだ生きているかもしれない。いや、生きていると、私は思う。

統計は調べていない。しかしこの国が自殺大国であることは、隠れもない事実であろう。右のような伝統もあって、日本社会では自殺は間違いなく容認されている。私はそう感じている。とにかく自殺が多すぎるのである。一昨日は山手線が止まり、昨日は京葉線が止まった。一昨年から昨年にかけて、記憶だけの数字だが、四千人自殺者が増え、日本人男性の平均寿命を下げた。

自殺統計はかならずしも信頼できない。すべてのケースが自殺と報告される保証はないからである。医者が適当な処置をとれば、つまり適当な死亡診断書を書けば、自殺にならないケースが考えられる。長く病気で苦しんでおり、睡眠薬の飲み過ぎになった場合も、自殺であっても病死として処理しうる。

また交通事故もあやしい。未必《みひつ》の故意《こい》がどれだけ含まれるか、数字からではわからないからである。一方に死んでもいいと思ってスピードを出す運転者がいれば、他方に死んでもいいと思って歩いている歩行者がいる。これでは交通事故が減らなくてもおかしくはない。

自殺の理由はなにか。わが国では第三位までに、つねに「病苦」というのが含まれていたはずである。ただしこれも記憶だから、まったくアテになるという保証はない。しかし、病気の苦しみがごく一般的な自殺の理由であることは間違いない。東大病院で、ある病棟にもっぱらガンの患者さんを入院させるようにした。この病棟は建った当時はふつうの窓だったと記憶するが、いまは鉄格子がはまっている。理由はいうまでもない。

なぜ自殺は放置されているのか

読者にうかがいたいことがある。安楽死や尊厳死を医者が実行すると、世間では大騒ぎをする。少なくともメディアが騒ぐことは間違いない。では自殺を皆さんはどう思うのか。「病苦」という理由で、毎年大勢の人が高い窓から飛び降り、電車に飛び込み、意図的に交通事故死する。それは自分でやるのだから放置せよ、医者が手伝うのはまかりならぬ。それが皆さんの本音か。

そう思うしかないのである。なぜならメディアだけではない。学界もまた、安楽死や尊厳死については、きわめてやかましい。古今東西の文面を引いてきて、ああでもない、こうでもないと議論をする。ところが、同じ文脈のなかに、「ごく日常的な」自殺や事故を登場させることはない。つまり自殺については、いっこうにやかましくないのである。これはいかにも不釣り合いではないか。

わが国には、安楽死・尊厳死が「大きく問題にされる」状況がたしかにある。それならその背後にある思想は、はたして人命尊重か。まったく違うはずである。なぜなら自殺は、いわばほとんど放置されているからである。

それとも、自殺する奴は自分の命すら尊重していない。そういう人間は人命尊重大国で生きる資格はない。どんどん死ね。そういう論理なのであろうか。

だから切腹の意義を、先にあらためて尋ねたのである。切腹も自殺の一種であり、しかも過去の社会制度においては、事情にもよるだろうが、むしろ立派なこととして容認されていた。「死んだほうが世間に迷惑をかけないで済む」。そういうことではないのか。それなら人命尊重ではない。世間尊重であろう。それならそうと、残された者も、はっきりそういえばどうか。世間を見限るような奴は、同情に値しない。それが世間の本音ではないのか。

そういわれて頭に来て、こん畜生、それなら世界の果てでも生きてやろうと思う人も出るかもしれない。しかし世間はそうもいわない。だまって見ているだけである。医者は楽にしてあげる手伝いもしない。医者も世間の一員だから、それをしてはいけないのである。

切腹が一種のタブーになっているのは、世間というものを論じたくないからであろう。なぜ論じたくないか。たとえば自殺の問題が浮上するからであろう。もし浮上すれば、勝手に死ねという態度はとれなくなる。

生命倫理学会の会誌である『生命倫理』（通巻十号）に、米本昌平氏が「生命倫理研究批判」という論文を載せておられる。日本の生命倫理研究について、独特の鋭い論調で、いったいなにをしているのかと追及している。乱暴にいうなら、米本氏はそうした研究が実際の世の中の役に立っていないという。

私も同感する。しかし、そうした役に立たない研究も、脳死や安楽死に関するメディアの大報道も、私には同根だと感じられるのである。脳死の報道については、すでに詳しく論じたからここでは扱わない。東海大、京都洛北病院の医師による安楽死事件は、大きく報道されたから、ご記憶の人も多いはずである。

ほんの一部の例をあれだけ報道するのはなぜか。それが生命尊重という原理に基づくのなら、自殺はいったいどうなるのか。そこが訊きたい。地球以上の重みが、一年間で四千も増えてしまったのである。総計では三万とか、四万という数字になるはずである。その重みはどうなっているのか。同じ人命ではないか。しかも平均寿命を下げたのでもわかるように、末期の患者さんばかりが、もっぱら死んでいるわけではない。

生命倫理研究、総じて社会科学、人文科学的な学問は、わが国では外国の高尚な研究の紹介になりやすい。米本氏もそれを指摘している。それに加えて、メディアが実質的には小さな事件を大報道するのはなぜか。はっきりいえば、自分の座布団をめくりたくないからであろう。その下からなにが出てくるか、それを見たくないのにちがいない。私はそう思っている。

日本の生命倫理は生命「心理」だ

米本氏のいわれるように、「高尚な研究」に研究費が出る。それはその価値があるからであろう。新聞の大報道も同じである。あれだけの紙面を使うことに、まったく「意味がない」はずがない。ではどういう意味があるのか。私見だが、そうした研究や報道は、つまり無意味だからこそ意味がある。人が無意味なことをいうのは、しばしば意味のあることをいいたくないからである。ちゃんと報道しているじゃないですか、ちゃんと研究しているじゃないですか。それ以上のことをいいたいなら、きちんとした手続きを踏んでくださいよ。そういうことではないか。

じつは私は、日本の生命倫理とは、生命「心理」だと思っている。無意識に潜むものを掘り起こしたくないのである。そういう人は心理的には似て非なる話題に没頭する。真の解決は困難だと信じているからである。だから「外国の偉い先生のいうことには」ということになるのであろう。自分はこう思うといいたくないにちがいない。それは邪推《じゃすい》か。

自殺する人がしばしば言い残すことがある。「これ以上、世間に迷惑をかけたくない」。そこにははっきりと表明されているではないか。この国が世間尊重、世間第一主義だということが。

だからこそ、人命尊重とか、生命倫理とか、いってほしくない。そういうことばを議論のなかに持ち込めば持ち込むほど、是非はともかく実際に通用している「当たり前の世間の常識」が隠れることになってしまう。

生命倫理というと、なにかこと改まった感じがする。だからそういう表現をするのであろう。そうすれば、ひょっとするとわれわれは世間ではなく、人命を尊重しているのだ、と誤解してくれる人が出るかもしれない。なによりもそういう表現を用いることによって、それが日常の次元を超えたものであるかのように、問題を取り扱うことができる。

オランダのベルト・カイゼル医師に会ったことがある。この人はホスピスの医師で、自分で安楽死を実施している。安楽死を身に引き受ける医師がいかに大変か、思いを致すべきであろう。さまざまな思い出につきまとわれて、一生を送ることになる。しかも人生は若いときだけではない。自分が老人になったときに、そうした過去の重荷に耐えられるか。カイゼル医師はそれをいつも考えさせられているはずなのである。

マニュアル時代と倫理

倫理道徳の根元はどこにあるか

漢方には漢方、漢法、カンポーの別がある。ある漢方の研究家にそう教えてもらった。中国古来の処方に忠実なもの、それを日本流に変形したもの、そのどちらでもない変なもの、そういう区分だったと思う。倫理と聞くと、どうもこの三区分を思い出す。この筆法に倣《なら》えば、現代の日本社会では、倫理というより、リンリというべきではないか。だからスズムシではあるまいし、という感想がつい出るのかもしれない。

戦後しばらく、倫理道徳は流行らないものの典型だった。戦後世代は公立学校でふつう倫理道徳を教わっていないはずである。私自身は私立学校、それもイエズス会の作った中学高校に通ったから、週に一回、「社会倫理」と称して、キリスト教神学あるいは自然哲学のごく基礎を教えられた。これがいまでもたいへん役に立っている。いったいそんな授業がなんの役に立つのか。想像もつかない人が多いだろうと思う。日本の公教育の大きな特徴の一つは、宗教にも哲学にも触れないことだからである。

カトリック系の学校で、この科学万能の世の中に、生意気盛りの中高生が「神の存在証明」などと教えられても、ブツブツ文句をいうに決まっている。しかし文句をいうには、自分なりに考えなくてはならない。相手の思考の矛盾を突かなければならないからである。そうすれば世界とはなにか、人とはなにか、人生をどう生きるか、おおげさにいうなら人類が歴史始まって以来問題にしてきたことを、自然に考えるようになる。

そもそもわが国の倫理道徳の根元はどこにあるか。その拠って立つ基盤を訊かれたら、だれがそれにきちんと答えられるだろうか。そんなこと、小学校でも教えているよ。そう答えるわけにもいくまい。大学に倫理学という講座はあるはずで、それならそこにでも尋ねてみようか。

戦前のように、万世一系の皇統を守るとでもいうのか。トラックで軍歌を流して走っている人たちは、そう返事をするかもしれない。それも結構である。世間に迷惑をおかけしないように、行動を調整する。それも結構。

とはいえどちらも、今までなかったことを考えるための規範となるものではあるまい。テレビもケータイも、脳死も出生前診断も、以前はなかったことだからである。以前はなかったこと、しかもグローバル化したものを、倫理で切るのはむずかしい。二千年の歴史を誇るカトリック教会でもむずかしいらしい。問題が人類の普遍に関わることだからである。日本村のリンリを発信しても、だれも聞かないにちがいない。

皇統を守るといまさらいわれても、戦時はともかく、日常とはあまり関係がない。世間に迷惑をかけないのはいいが、肝心の世間が間違っているときは、いったいどうする。そこがまさに倫理が問われる状況ではないのか。戦時中には、世間と倫理の背馳《はいち》する場面が多々あったはずである。そのときに、ほとんどの人が世間をとったことは間違いない。

倫理のマニュアル化と責任

だから要するに、倫理にはできれば触れないということになる。ところが私でさえ関係している「倫理」問題が現代にある。たとえば生命倫理である。医学の領域でいうなら安楽死・尊厳死・脳死といった死の問題、出生前診断や胎児の間引きの問題、障害者の権利と差別の問題。こういったことは、現代医学から抜くことはできないと同時に、倫理がしきりにいわれる領域である。

この種の倫理の基礎にあるのは、現代日本では要するに村落共同体の原理である。ほかに世間の原理はないに等しいから、自然にそれが浮上する。それが脳死後臓器移植という大騒動の背景だったことをすでに長々と論じたことがある。

もちろんそのほかに、警察やら省庁やらのいわゆる不祥事では、倫理ということばがときに使われる。倫理ではなく、綱紀粛正《こうきしゅくせい》というのが、官庁の好む表現らしい。私が東京大学に勤務している間にも、いまの若い人に意味がはたして了解されるのだろうかという、この古式ゆかしい文語を、文部省からの通達で見かけたことがないではない。

他方、倫理ということばが民間は好きらしい。私が関係しているのは「生命倫理学会」であり、これはもちろん民間団体である。東京大学を辞める前にやらされていたのは、医学部の「教官倫理委員会」だった。これは文部省の綱紀粛正という通達に答えるためにできたものであろう。上からは綱紀粛正で、下からは倫理ということば遣いになる。

以前書いたことがあるが、この教官倫理にはマニュアルがあった。「教官倫理マニュアル」というものである。この冊子の表題を初めて見て驚いた私は、思わず立ち上がって電話を取り、知り合いの哲学の教授にいきなり質問した。「倫理とマニュアルということばは、同居できますか」。回答はよく覚えていない。要領を得なかったのだと思う。

その後の経過ないし印象からすれば、べつに倫理とマニュアルは同居して差し支えない、それが世間の常識だったらしい。現に東京大学にそういうものがあるということは葵《あおい》の御紋、天下御免ということであろう。倫理マニュアルという表現に驚いた私の認識不足である。世はまさにマニュアル時代、マニュアル人間がどんどん出てくるはずである。

いまでは倫理もマニュアルで間に合うようになった。深刻な話題はマニュアル化すればいい。差別用語もその典型であろう。いったいどのような法律に基づいて、どのような資格を与えられた人たちが、言論表現の自由を具体的に制限しているのか。少なくとも私は知らない。

新聞に「差別用語の規制」とただ書くと、その筋のお達しにより、「出版界による差別用語の自主規制」と書き直しを命じられる。たしかにそのほうが筋が通った表現である。それならその命令を発する主体はだれか。命令を発しているのは権力者のはずで、それならその権力者はメディアのどこにいるのか。どのような用語が使用できないのか、メディアの好む用語を借用すればば、それに関して情報公開はなされているのか。その用語の選定に関わっているのは、はたしてどこのどなたか。そこに天皇陛下は含まれているのか。たんにわからないから、私は質問しているだけである。そのメディアが医師のカルテの公開などを論じる権利がどこにあるというのか。

この国の情報公開がどこまで本気でメディアによって主張されているか、この歳になれば、いくらかはわかる。だから私は、世間は本音ではそんなものは必要ないと思っている、という意見である。新聞が自分でもやっていないことを、他人に本気で要求するとは思えないからである。本気だというなら、手前のことを考えてみろと、下町風に啖呵《たんか》を切ってもいい。

マニュアル化すれば話は具体化し、議論の必要はなくなる。倫理問題など議論をしても、ひたすら時間がかかる。うるさいばかりで片づかない。それならいっそマニュアルにして、手続きを一律にすれば文句はないだろう。要はそういうことではないかと思う。

これはそれなりの都会人の知恵であろう。マニュアルだということは、手順が決まっているということであり、決まっているなら、それに従えばいい。それはアウシュヴィッツの看守ですら、考えたことにちがいない。そのおかげで変なことが生じたとしても、マニュアルを守っている俺のせいじゃない。マニュアルを直せばいい。マニュアルは俺が作ったわけではないから、だれかが直すだろう。マニュアルに従った結果生じたことが、俺の責任であるはずがない。差別用語の規制のように、マニュアルがどんなものでだれが作ったか、それもわからなければ問題は最小限である。責任の問われようもないからである。

思想の奴隷状態から抜け出すには

クローン羊のドリーができてから、ヒト卵の扱いが厳しくなった。先日も農大の先生がうっかりして、間違った実験をしたというので、この問題に関する委員会が開かれた。要するにこの先生が叱られたらしい。いっては悪いが、大したことではなかったのは、ご本人にもべつに悪いことという意識がなかったらしいことでわかる。

こういう実験を、ひょっとすると倫理問題と見なしている人たちに、あらたまって訊きたいことがある。ドリーの作成を倫理的にどう思うか、である。その答えが、その人個人にとって明瞭でなければ、ヒト卵の扱いなど、とうてい倫理問題にもならない些末事であろう。その答えも明らかにしない人たちに、他人の実験をあれこれいう権利があるのか。

倫理問題ではなく、政治問題だというならわかる。ドリーはそもそもイギリスでやった実験である。はっきりいうなら英米など先進国はよく考えて実験をやるから結構だが、わけのわからぬ国がやっては困る。そのなかに日本が暗黙のうちに含まれる。それが欧米の常識だと私は思う。同時にそれは日本の常識にちがいない。多くの学者のお好みの欧米の評価とは、実体はそういうことであろう。

それなら日本の「倫理委員会」より、いうことは古くさいみたいだが、カトリック教会のほうがまだマシである。ともかくああいう実験は、本音では好ましくないと思っていることが明らかだからである。右に政治問題だといったのは、日本型の生命リンリは、欧米流の偏見を顧慮し、認めているにちがいないと思うからである。キリスト教圏外は野蛮人、魑魅魍魎《ちみもうりょう》の世界という偏見に、暗黙のうちに媚びているのが、日本の「学界」倫理であろう。だとすれば、状況に従うのみという意味では、それは政治である。それなら倫理ではなく、リンリであろう。

　そもそも妊娠中絶が日本で「倫理」問題になったことは、世間の本音としては一度もない。それを私は確信している。胎児は母親の一部で、ゆえに親の処分に任されている。それが延長されれば母子心中となり、挙げ句の果ては、保険金のために息子に死んでもらうという同意になる。だれがどういう議論をしようと、それが実状ではないか。胎児ですら人ではない社会で、ヒト卵の扱いがなぜ倫理問題か。それを倫理というのは、外国の意見だけを顧慮した、一種の鹿鳴館政治に過ぎない。

日本の倫理問題とは、自分たちの倫理観を素直に認めるところから始まる。私はそう思う。過去においてそれで戦争になったからといって、それを避ければ永久に思想の奴隷状態であろう。

思想問題なんて、そんなことを気にする必要はない。最後はアメリカにマニュアルを作ってもらえばいい。どんなマニュアルでもこなしますよ。そうするのも一つの考えである。国民がそう思っているなら、それでいい。私は自分のお墓の心配をすればいい歳である。いまさら国の将来を憂う必要など感じていない。

第8章

「犯罪」について考える

オウム事件と日本思想史

大学紛争とオウム事件

戦後の思想史的な事件といえば、いくつかの例を挙げることができるかもしれない。しかし私の個人的な体験からいえば、最初の大事件はいわゆる大学紛争であり、二つ目はオウム真理教をめぐるもろもろの問題だった。いずれもふつうの若者たちが巻き込まれ、やがて社会的な大問題に発展した。私自身が日常を過ごしていた大学でも、大学紛争についてはその発端を作ったとされる医学部に在職していたし、オウム真理教については、信者の学生が勤務先の大学に発生し、それとつきあわされたことが、私の心理に多大の影響を与え、自分自身の社会的進退に関わったとすら感じている。

大学紛争については、かつて長々と論じたことがある。そのときには、要は都市化に伴なう若者の意識の変化が大きな問題だったと述べた。紛争が世界的に同時多発に近い形で生じた理由も、世界における強い都市化の同時進行があったからであり、その都市化を裏付けたのは「安い石油」だったと考えられる。こうした私の論旨《ろんし》を変更しなければならないような議論は、その後まだなされていないように思う。

それにしてもこの種の社会的事件が、過去として葬られる早さに、私はほとんど感銘を受ける。人は過去の不愉快な事件をできるだけ忘れようとするのかもしれない。それを説明しようとすることは、記憶に残そうとすることでもあるからである。

オウム真理教については、まだそれ自体が生きている。しかしいわゆるオウム問題は、少なくとも大学紛争よりは局地的とでも表現すべき、一面では社会的に限定されたできごとだったから、大学紛争のときよりは背景について、はっきりした議論がしやすいのではないかと思われる。なかでも最近では、竹岡俊樹氏の『「オウム真理教事件」完全解読』（勉誠出版）が、オウム問題の背景を扱ったものとして出色だと思う。

こうした書物を書こうという著者がいて、本が実際に出版されているということが、いわば「沈黙の大学紛争」と比較したとき、目立って違うことだと思われる。大学紛争の時代には、そもそも「紛争」と書くこと自体が、関係者には問題視された。全共闘シンパならこれを紛争ではなく、「闘争」と呼ばなければならなかった。どの用語を使うかが政治的意味合いを強く持ってしまう状況では、書くこと自体が容易ではない。著者の意図とはまたべつに、内容が色つきで読まれかねないのである。竹岡氏の著作のような書物が出版されるについては、紛争時代以降の社会的変化があるかもしれないし、さきに「局地的」と述べたオウムという事件そのものの性質にもよるのかもしれない。

著者紹介によると、竹岡氏は考古学が専門だという。つまりオウム問題についてはいわゆる素人だということになる。大学紛争も、大学で生じたのだから、きわめて多分野の専門家を巻き込んだ。紛争の契機が医学部のいわゆるインターン闘争にあったことは、多くの人が知っているはずである。にもかかわらず、紛争自体がなんであったかを、そうした関連の人たちが論じたのを、私はあまり見たことがない。大学人の多くが直接の関係者だったために、むしろ語れないという面があるのかもしれないが、少なくとも紛争以降の大学に身を置いていた者として、紛争が二十年以上ある意味で生きていたというのが実感である。それなら素人が自分の問題として語ってもいいはずだが、それがない。

オウム・シンパ世代はきわめて純真だった

竹岡氏は考古学の方法論を用いて、オウム真理教事件を資料から分析する。それは社会学の素人として、さらにしかし考古学の専門家として、当然の方法であろう。なにを論じるにせよ、私自身もつねに用いているのは、与えられた形つまり形式をどう解釈するかという解剖学の方法論だからである。ところがそう思ってくれる人はまずいない。解剖学以外の分野を論じれば、先生は博学ですナ、と揶揄《やゆ》されるだけである。

長年思っていることだが、わが国の専門家たちは、方法論が専門を規定するのではなく、対象が専門を規定すると信じているにちがいない。ヒトの死体を分析すれば解剖学だが、解剖学の方法でべつな対象を分析すれば、それは解剖学ではないと思うらしいのである。それは学問分野の切り取り方の「形式」であって、学問という「機能」の反映ではない。だから日本の学問はしばしば機能的ではない。つまり「役に立たない」のである。

竹岡氏自身が考古学の方法論を用いてオウム真理教を分析するという行為は、まさに学問の機能である。その意味では素人がブツブツいう文句とはまったく違う。現代の人たちは、さまざまな社会的事象についての「文句」を言い慣れている。それはしばしば自己の鬱憤《うっぷん》の捌《は》け口にすぎないことは、自分でもわかっているにちがいない。たぶん気楽に文句をいう癖をつけたのは、NHKを代表とするメディアであろう。テレビ放送に抗議が殺到するのは、日常だからである。メディアは抗議を受け付けるものだという印象を一般に育ててきたのも、むろんメディアである。

竹岡氏は書く。

正直言って、私はマスコミに「殺人マシン」と呼ばれた林泰男にすら同情を禁じえません。このオウム真理教という特異なシステムの中に入れば誰だって、もちろん私だってサリンを撒く可能性が十分にあるのです。それがこの事件の恐ろしさなのです。

事件直後にこれに類した言明をした人たちの受けた扱いを、私はなんとなく記憶している。ここにはおそらく私と、竹岡氏に代表される世代とのあいだの、時代のズレがある。というのは私は逆に、オウム真理教の信者であった学生について、どうしても受け入れられない決定的な違和感を感じていたからである。こういう学生が発生するようでは、世の中どうかなっているにちがいない。事実、初めてオウムの学生に出会った後、私はある雑誌にそうした趣旨のことを書いた。一部の人には、それがサリン事件を予言したものと受け取られたらしい。

私が感じた違和感は、ある意味では当然の常識である。しかし島田裕巳氏にせよ中沢新一氏にせよ、いわゆるオウム・シンパと一部の人たちに目されてしまった人たちと、右のようにいう竹岡氏が、それを非難する人たちより深くオウムを知り、問題を自分のものとして正直にとらえている人たちであることは間違いない。だから私が「当たり前」だと暗黙のうちに思っていることと、私より若いこうした世代の人たちが思っていることとは、間違いなく違うはずである。そこにオウムの発生する状況の要《かなめ》があるはずである。

それが広義の身体問題であることは、おそらく間違いないであろう。竹岡氏の論旨も、だから一面ではそこに集中する。麻原という人物が、身体に関わるいわゆる修行について、よく事実を心得ていたこと、そのために信者に対して説得力が強かったことを、竹岡氏は資料に基づいて論証する。逆に言えば、そうした身体が関わる問題について、そう呼んでよければ、オウム・シンパ世代は、きわめて純真だったのである。だから麻原に引き込まれる。

軍隊が消えて起こった副作用

その身体問題がなぜ発生したか。それが日本文化の歴史と絡んでいることも、ふたたび当然であろう。竹岡氏もオウムが利用した思想のなかに、日本歴史に登場するさまざまな思想が断片的に顔を出すことを指摘している。日本史における身体の問題を、私は何度も論じてきた。しかし竹岡氏が指摘するように、身体の問題はじつは論では済まない面を持っている。ふたたび竹岡氏を引用しよう。

> 私たちは言語によって把握し分析できる事象ならば、その是非をある程度冷静に判断することができます。恐ろしいのは、言語化できない肉

体、感性的な事象なのです。それが論理によって組み合わされ意味付けられてしまえば、当人がその是非を判断することなど不可能になってしまいます。信者たちは修行によって得られる甘美な肉体感覚によって麻原の教義の深みへとはまり、いつの間にかサリンを撒くにいたるのです。

私よりも年代が上の人たちであれば、おそらくこうした発言に対して、あまりにも当然だとして横を向くのではないかと思う。なぜならその世代の人たちには、軍があった。兵隊にとられる、召集されるということは、典型的に身体依存の生活を送ることだった。日本軍の精神主義と呼ばれたものが、じつは海軍であれば娑婆《しゃば》と呼ばれ、陸軍であれば地方と呼ばれた、一般社会の人たちに、ある種の身体を意識させるための工夫という面を含んでいた。そのことを軍隊における私的制裁の問題として、すでに私は論じたことがある。

戦後の平和社会が軍隊を消した副作用の一つは、身体問題のべつの形での浮上だった。古い世代は軍およびそれに関連した諸問題という形で、身体と「日本的精神」の問題を暗黙のうちに了解している。神風特攻隊を見れば、若者たちがある状況に置かれたなら、いかに無謀であろうと命を懸けて戦うこともまた、古い世代はよくわかっているのである。しかしそれを「ことばにしようとして」、たとえばオウムと伝統的な身体問題を結合する議論をすれば、とんでもない方向から矢が飛んでくることを、私はよく知っているつもりである。殉国《じゅんこく》の若者とオウムを一緒にするとはなにごとか。この種の議論はいつでもあって、場合によっては身の危険を感じるほどなのである。私が長年身体を論じてきたのも、そこに現代の重大な問題が隠れていると信じるからである。しかしそうした議論の無力さを、現実の進行によってしばしば思い知らされる。

世間の「健康な」人たちの、オウム真理教に対する代表的意見ははっきりしている。破防法でもなんでもいい、あんなものはサッサと禁止し弾圧しろ。私はその意見を否定する論拠を持っていない。つまりオウム・シンパ世代を紛争世代、つまり団塊の世代と同じような歴史的視点で見るなら、そんなものは潰してしまえば、そのうち消えてなくなるにちがいないというのが、一般の意見だと信ずる。全共闘もまた、いまでは同窓会で昔話を語るていどのものに成り下がったからである。世間の常識は、それでいいということなのである。だからいつかふたたび、全共闘もオウムも形を変えてやってくるであろう。それをどうにかしようとするのは、私のような老人の役目ではない。

都市型犯罪は予防できる

田舎では起こるはずがない

戦後の日本社会の変化を、私は都市化と規定している。経済に関心のある人たちは、それをむしろ高度経済成長と表現するであろう。政治家なら民主化というかもしれない。そうした表現は、私にとってあまり意味を持たない。それらはいずれも、都市化の一面にすぎないからである。

都市化を可能にしたのは、むろん安い石油である。そのことは大学紛争という主題に絡んで、すでに説明した。都市化を私は脳化とも呼ぶ。都市においては、脳の作りだしたもので環境が埋め尽くされるからである。

その都市化には、もちろん裏、すなわちマイナス面がある。戦後の日本社会は、その裏にほとんど直面せずに過ごしてきたように思う。裏を表す事件はむろんあまた存在した。しかしそのどれもが、「進歩」すなわち都市化の進展によって、やがて解決すると信じられてきたし、いまでもあるいはそう思われているであろう。

その太平楽の都市化に、現在では二つの面で「どうにもならない」翳《かげ》りが見えてきている。一つはもちろん環境問題である。それには同時にエネルギー問題が含まれている。これについては、いまは述べない。もう一面とはなにか。それは犯罪である。都市化とさまざまな犯罪がつきものであることは、世界の常識であろう。さらに犯罪と教育の問題が、密接に結びついている。

近年報道される犯罪は、奇妙な性質のものである。オウム真理教の信者たちによるサリン事件はいうまでもない。神戸の少年による殺人事件、最近では京都の小学生殺人事件や、新潟県で発覚した誘拐後九年二カ月に及ぶ少女監禁事件。

これに類した事件が、以前もなかったわけではない。私は鎌倉生まれの鎌倉育ちだが、小学校の六年生のころ、いまでいうなら中学上級か高校初級の子どもが猟銃で義父を殺害する事件があった。この子は義父を殺す練習として、猫を捕まえては針金で吊し、それを銃で撃ち殺したという。じつはそのころ、私は吊されて死んでいる猫を、近所の山中で見たことがある。こうした事件はしかし、それなりに了解可能なものだった。この例でも、義父の母親に対する扱いに、子どもはいわば義憤《ぎふん》を感じていたことが動機となっていたはずである。

ところが、神戸の事件にせよ、京都の事件にせよ、はてはオウム信者にせよ、その種の怨みつらみが明確ではない。監禁事件にいたっては、なぜ母親が気がつかなかったか、あるいは気づいていたが無視したか、それが問題になっている。

こうした犯罪を、私は日本型の都市型犯罪と考えている。この種の事件は、田舎では間違いなく起こりにくいか、起こらないからである。神戸の事件のあと、茨城の農村で農業に従事している知り合いがいった。うちの村ではあんなことは起こらない。だいいち子どもがあんなことをしていたら、村のみんなが知っているはずだ、と。新潟の事件もまた、いうまでもないであろう。

それならどうすればいいか。ほとんどそんな声が聞こえるような気がする。どうするもこうするも、「進歩」と称してそればかりに価値を置き、都市化に邁進してきたのは日本国民である。それなら都市化の副作用くらい、自分の責任で背負うべきであろう。

タブー化される犯罪と脳の関係

こうした都市型犯罪の特徴は、犯人の心理状態がいわゆる常識では理解できないことである。だからたちまち精神科医や心理学者の出番となる。しかしあまりにも変わった行動だから、ふつうの人の心理の延長ではなんとも考えにくい。なぜサリンを撒かなければならないか、いくら理屈で説明されても、説明のピントがずれている感は否めない。

人はかならずしも合理的に行動するものではない。いつも説明可能な行動をするわけでもない。そういってみたところで、犯罪に対して打つ手にはならない。それならこうした反社会的行動をとる人に、なにか特徴はないのか。それが広義の教育問題であることは、常識的に理解できるであろう。

国立精神・神経センターの菅原ますみ氏らのグループは、川崎市内のふつうの家庭を数千例調査し続けている。五年、十年、十五年という期間、同じ家庭を続けて調べていれば、調査を始めたときに赤ん坊だった子どもが、やがて成人になる。成人に近くなって、いわゆる反社会的行動を起こすようになる例も、むろんそのなかに含まれている。そうした例をさかのぼって調べる。過去の調査では、その家族や当人に、どういう特徴的な所見が見られているか、それがわかるからである。それがこうした長い年月にわたる調査の利点である。あとで事件が生じてから、犯人の発育過程を客観的に振り返って見ることができる。

答えは簡単である。のちに反社会的行動を起こすのは、母親が育てにくいと感じている子どもなのである。それなら母親は、早い時点から、専門家に相談すればいい。それはかならずしも子どもが悪いとか、母親が悪いということではない。母と子の取り合わせが悪いだけかもしれない。ともあれそうすることによって、マスメディアに現れるあれこれの推測より、はるかに明確な調査が可能となるはずである。

とにかく戦後の都市化はあまりにも急激だった。その副作用に対処するには、息の長い地道な研究調査しかない。それは環境と犯罪の両面に当てはまることである。その両者について、アメリカ社会は日本の参考にはならない。アメリカが日本を参考にしたほうがまだマシであろう。麻薬に銃に家庭内暴力、連続殺人と来ては、ひたすら反面教師にしかならない。

こうした犯罪は、一種の行動異常である。行動は脳から発する。したがって犯罪とはその意味で脳の問題である。さらに社会はじつは脳が作りだす。チンパンジーとヒトは、遺伝子についていうなら、九九パーセント近く同じである。違うのは脳しかない。だからチンパンジーの社会とヒトの社会は、遺伝子がほぼ同じなのにまったく違ってくるのである。

社会は脳が作るからこそ、「反」社会的行為とは、同時に脳の問題なのである。ところが、これを詰めていくと、社会のさまざまな基本的前提に引っかかる。犯罪と脳の関係を論じることは、じつは社会のタブーである。さらに遺伝子と犯罪の関係は、脳と犯罪の関係よりも直接的ではない。にもかかわらず、そこでも事情は同じである。つまり議論自体がタブー化されることが多い。

アメリカで、ある良い家庭で育てられた養子の子どもが、成人して殺人を犯した。犯人の弁護士は実の父親を捜し出したが、その父親はすでに殺人を犯して服役していることがわかった。しかもあろうことか、そのまた父親、つまり犯人の祖父もまた殺人犯だったことが判明したのである。したがってその犯人は、自分には責任がない、遺伝子に責任があると、無罪の申し立てをしているという。

こうした例を紹介するだけでも、社会の偏見を助長すると見る人もあろう。だから問題はむずかしい。かつて犯罪について論じたために、私はすでに個人的に脅迫状を受け取っている。おそらく被害者側からのものである。それは警察に届けたが、そういうこともあるから、この話題は本当は論じたくない。しかしやむをえない。

ともあれ暴力が暴力を生むことは、犯罪先進国のアメリカでは、よく知られた事実である。家庭内暴力の存在する家庭で育った子どもは、のちに自分の家庭にふたたび暴力を持ち込む。暴力がほとんど一族の業となってしまった恐るべき物語、マイケル・ギルモア『心臓を貫かれて』（村上春樹訳、文春文庫）を読んだ人には、よくわかっているであろう。バルカンではセルビア人がイスラム居住地のモスクを破壊した。西欧連合の力でそこに戻ったイスラム教徒たちは、今度はキリスト教会を破壊している。一神教の信徒にガンジーはいないらしい。聖書には右の頬を打たれたら、左の頬を向けよと書いてあるはずだが。

犯罪の予防はやる価値のある仕事

私は戦後のいわゆる平和主義者ではない。しかし、子どもだった戦中から、戦争は嫌いである。非暴力を通すことは、平和時はともかく、戦時には命懸けである。日本人の戦後平和主義は、その意味でどこまで本当か。核武装を語る防衛次官が出て、それをたんに言論の問題だという。いまどき核武装を本気でしようと思っているのか、私はそれを問題にしたが、国の防衛は当たり前だという手紙をいただく。それとこれとは話が違う。いまの科学を勉強すれば、核武装どころではない物騒な兵器は、いくらでも考えることができる。その例を挙げてもいいが、そんなことをすると、またオウムのように実行犯が出るかもしれないという、とんでもない世の中である。

そちらから見れば、個人の奇妙な心理から出た犯罪は、小さなものにも見える。そうかといって、それを放置することはできない。精神上の問題から起こったとすれば、無罪になる可能性があるというので、脳と犯罪の関係を論じると、被害者や加害者の人権はどうなるという反論が出る。これも話が違うのである。いったん殺人が起きてしまえば、被害者を生き返らせることはできない。それなら唯一の安全対策は予防である。医者ならだれだってそう考えるはずである。だから子どものときから注意するしかないのである。

予防はしばしば人気がない。なぜなら予防された殺人は、目に見えないからである。起こった殺人は大きく報道される。教育効果で予防された殺人が報道されることはない。ジャーナリズムの根本的難点はそこにある。起こらなかったことは、ニュースになりようがないのである。

予防が効果があったことを証明するのは、統計だけである。医学でいうなら、疫学である。サリドマイド裁判の時には、被告側の製薬会社はサリドマイドの投与と奇形の発生の間の科学的因果関係は証明されていないと主張した。それはある意味で正しいが、疫学的には関係が証明できる。なぜならサリドマイドの投与をやめたら、特定の奇形はほとんどなくなったからである。

犯罪の予防は完全にはできない。しかしまったくできないことではない。私はそう信じている。ただし予防を実現しようとすれば、サリドマイドの場合と似たような、しかしもっと巨大な、さまざまな社会的雑音が生じるであろう。しかしそれを乗り越えなくては、都市環境を安定させることはできない。それはやる価値のある仕事である。しかもそれは「科学的に」可能であろう。なぜなら多くの都市型犯罪は、すでに述べたように、じつは脳の問題だからである。

第9章

「政治」について考える

だから私は政治を好まない

現代社会を動かしているのは政治ではない

総理大臣が卒中で倒れて、代替わりをした。そうしたら、今度は選挙だという。通勤時間に駅に行くと、演説が連日やかましい。

以前から私は政治が苦手である。それはなぜか、ときどき考えるが、よくわからない。駅前がやかましいからという理由だけではないと思う。

政治の大切な一面は「まつりごと」であろう。まつりごとなら、いってみれば儀式である。ところが、それがある時期から実質化したらしい。政治は自分の利害に関わる具体的な問題だ。いまでは多くの人がそう思っているにちがいない。

ところが、その意味でいうなら、政治は私個人の人生に本質的影響を与えたとは思えない。政権が替わったからといって、研究費がもらえる状況になったわけではない。大学からもらう給料は、働いた月も働かない月も、いつでも標準並みだった。いろいろ考えてみても、政治に「おかげさまで」と申し上げるべき理由が見当たらない。

政治家にいいたいことといったら、戦後の長い経済成長のあいだに、昆虫採集のできる環境がどんどん減ったことくらいであろうか。これが政治のおかげであるとすれば、政治に恨みこそあれ、感謝の念はない。その怨念をわかってくれるのは、ひょっとすると鳩山邦夫氏か。鳩山氏の蝶好きは有名である。

石原都知事は人気がある。しかし、その理由の一つは銀行への課税、もう一つはディーゼルの排ガス規制である。一方はじつは経済の問題、他方は技術の問題ではないか。結論を先にいうなら、現代社会を動かしているのは、本質的には経済と科学技術であって、政治ではない。政治は要するに両者の邪魔をしているだけのことである。

五月はヴェトナムに行っていた。ホテルもない田舎町で、飯屋の二階に寝起きしていた。それでもときどきハノイの街に出なければならない。ハノイ市内に新たに日航ホテルができていたから、そこに泊まってみた。飯屋の二階よりはるかに高級である。飯屋からホテルまで送ってきてくれたタクシーの運転手が、なぜこんな高いところに泊まるのかと訊く。私を金持ちと見なすか、貧乏人と見なすか、決めかねているらしい。その判断によって、運転手もチップの要求額を考えなくてはならない。

ホテルのレストランで食事をしていると、隣のテーブルの話が聞こえてくる。

「うちの事務所は二十六人いるが、お前が経費の半分を使っていると、いつも本社からいわれている」

日本人一人の給与が、ヴェトナム人二十五人分に相当するらしい。国境があるからこういうことになる。これも政治が経済を妨害している典型であろう。共産国家は政治思想が優先である。そんなことをいったって、共産主義思想とは、アジア諸国が目の敵にする植民地主義旺盛なりしころの、つまりは十九世紀西欧に発するイデオロギーではないか。そんな時代遅れの考え方を、中国もヴェトナムも北朝鮮も後生大事に抱えているから、社会がおかしくなる。日本の政治家もメディアも、はっきりそういってやればいい。

国境に自動小銃を持って張りついている兵士の頭の上を越えて、チェルノブイリの放射性物質が飛んでいった。これはほとんどマンガだったが、政治はそれをマンガとは思わなかったらしい。だれも笑わなかったらしいからである。笑った政治家がいたとすれば、なかなかの大物であろう。

虫捕りにとって国境はないのだが

虫を捕っていると、国境とはなんだろうと思う。「ラオスのカミキリムシ」という論文があるが、むろんカミキリムシにラオスもヴェトナムもない。国境を越えたら、黒いカミキリムシが赤くなるというものではない。こういう論文に国の区分が入ってしまうのは、採集地が人為的に区分されてしまうからである。ラオスでカミキリムシを追いかけているうちに、いつのまにか中国に侵入してしまったところで、虫捕りならそれは当然である。ところが国境の存在がそれを許さないから、「ラオスのカミキリムシ」という、変なタイトルがつくことになる。

日本では、ヴェトナムを単一民族の国だと思っている人が多い。しかしヴェトナムの奥地は、どこも山岳民族の土地である。今回行ったところでは、頭を剃《そ》っている女性ばかりだった。国境があるから、こうした人たちも少数民族などといわれているが、頭を剃った人たちの国を作れば、そちらが多数派になる。中国の雲南省からミャンマー、タイ、ラオス、ヴェトナムの山岳地帯は、さまざまな種族が入り乱れ、本来は国境などない土地である。アジアの国連は、このあたりに本拠を置くといい。

ヴェトナム人は紅河《こうが》（ホン川）の平原を本拠にする農耕民で、山岳民族とは違うし、クメール人とも違う。旧サイゴン、ホーチミン市は、もとを糺《ただ》せば、クメールの土地である。だからカンボジアの人たち、クメール人はヴェトナムを警戒する。それがポル・ポトの大虐殺の背後にある。

ハノイの街で大学生と話をした。道で話し掛けてくるから、しばらく相手をしていた。気になる咳をするから、結核だといけないから医者に行けといった。そうしたら、医者代をくれという。ここは共産主義国家だろうが。国民の健康と福祉は政府が守るはずじゃあないか。資本主義国家の手先に医者代をくれとはなんだ。そういったら、友達ともども鼻の先で笑っている。この国では医者は腐敗している。そういうのである。

なぜ国民のためのはずの政治が、現に共産国家で見るような、おかしな形になってしまうのか。これはあまりにも素朴な疑問だが、これだけ歴史を積み重ねてきた人類が、人民のための政治くらい、本気でできないはずがなかろう。人間の考え方のなにかが、それを妨害しているのである。

たかが虫捕りだって、政府の方針が変われば、すぐにやかましくなる。たとえば虫を捕ってはいけないといい出す。現にヴェトナムがそうなりつつある。その一方で、平気で森を伐採する。ヴェトナムに残っている森なんて、もはや国土のほんのわずかに過ぎない。だから虫を保護しようと思うのであろうが、森さえ残っていれば、虫なんて人間が捕りきれるものではない。

ヴェトナムの医者で思い出した。日本では、政治家に二代目が多いのは周知の事実だが、選挙に立候補する医者も多くなった。私の選挙区では、大学の後輩の医師が立候補したし、隣の選挙区でも同じことが起こった。

昔は「下医は病を癒やし、中医は人を癒やし、上医は国を癒やす」といった。医者の立候補が多いということは、「国手《こくしゅ》」（名医をさしていうことば）が増えたということであろうか。

ところが、私の卒業した大学の医学部では、国家試験合格者がついに八割を割ったという。医療事故は頻々《しくしく》と伝えられて止まるところを知らないという勢いである。医師たるもの、片々たる患者の診療よりは、国家社会の診療に尽くしたいということらしい。日本のロケットが飛ばないわけである。

『朗読者』はだれかが書くべき小説だった

ヴェトナムでは虫捕りが済むと、夜はすることがない。宿の明かりが暗くて、ハノイの高級ホテルにでも行かないと、虫の整理もできない。そこで酒盛りをしながら、つまらない話をする。どうしたら日本のロケットが飛ぶのか、それが話題になった。一人がそんなことは簡単だよという。はじめから有人ロケットにして、開発責任者以下、二、三人を乗せて飛ばすことにすればいい。なにしろふだんヴェトナムの国内バスに乗って、森のありそうなところで降り、古い表現をすれば猛獣毒蛇の潜むジャングルを歩き回っている男の話である。現場の仕事は命懸けでないとうまくいかないことを、よく知っている。

必要なものは、おそらくそれだけではない。宇宙開発が華やかだったころは、ロケットが飛ぶかどうかに、国家の威信ばかりではなく、人類の宇宙への夢がかかっていた。その夢がなくて、ただ飛べばいいだけでやるなら、あんなややこしいものが飛ぶわけはない。ロマンが消えたのである。現代の政治に、ロマンがあるか。だから政治は「自分の利益に関わる具体的な問題」になったのではないか、と述べたのである。

今度はロマンで思い出した。『朗読者』（ベルンハルト・シュリンク著、新潮社）というドイツの小説である。ドイツ語では小説はロマンだが、これは久しぶりにロマンを読んだという気がした。主人公の恋人は年上の女で、じつは強制収容所の看守だったのである。だれかが、いつか書かねばならなかった小説である。強制収容所の看守もまた人間だった。それを文章でただこう書いても、だれも納得しない。小説にすれば、みごとに納得できるのである。

ナチの悪業を告発する話はいくらもある。それがいけないというのではない。しかしそれだけでは人間のことはわからない。アウシュヴィッツを生き延びた精神科医ヴィクトル・フランクルへのインタビューを、かつてテレビで見たことがある。インタビュアーは若い人だった。ナチへの告発が頭にあるから、フランクルへの質問が的が外れてしまう。フランクルはだれかを告発しようなどとは、むろん考えていない。私はイライラしてテレビを消した。

フランクルはもっと深く、人間を考えた人だった。私はそう思う。ナチの行為もまた、人間の行なった行為である。それならどういうときに、どういう人が、どういう状況であいうことをするのか。そもそも人はそれを「理解」できるのか。『朗読者』という小説は、そうしたことを考えさせる。だからだれかが書くべき小説だった。社会が殺人を禁止していったい何世紀になるか。禁止し非難し告発したら、そういうことはなくなる、そんな簡単なものではないことは、わかりきっている。

ホロコーストも同じであろう。最近でいうなら、大虐殺を行なったポル・ポト政権を背後から支えたのは、中国ではなかったか。それが「政治」であろう。その政府が、他方では南京大虐殺について、あれこれなにかをいう。政治とはそういうものだ。そう思うから、私は政治を好まない。それは私個人の勝手である。

この国はかたち

二百数十議席というかたち

時評は年寄りの書くものではない。だんだんそういう気がしてきた。当たり前だが、世の中にはじつにさまざまなことが起こる。それらをいちいち論じれば際限がない。しかしどのようなできごとにしても、自分の墓の心配をする年齢になると、どうということもない。なにが起こったところで、もはやたかが知れている。どんないい話であれ、悪い話であれ、どうせこちらは話の途中で人生を失礼することになる。

『三国志』の麦城《ばくじょう》の項、まもなく関羽が死ぬあたりで、不吉な前兆があったと心配する者に対して、関羽が人間五十を過ぎれば幸不幸なし、と碁を打ちながらいうところがあった。若いときから、そこが妙に記憶に残っている。

さて近いところでは、総選挙の結果が出たらしい。私は出張に出かけて留守だった。最近は不在者投票というやり方もあるが、それをしている暇がない。自分の予定を詰めてしまっているから、役所が開いている時間は、こちらの時間が空いていない。

与党が多数を占めた。それが選挙の結果だといわれても、そうかというだけである。二百数十の議席を占めればいい。それを多数というらしい。その理屈がはじめからよくわからない。

たまたま選挙の時期に、関川夏央氏から『司馬遼太郎の「かたち」』(文春文庫)というご著書をいただいた。なぜかそれが選挙に結びついた。つまり問題は「かたち」なのである。

司馬氏の最後の著作は、ご存じのとおり、『この国のかたち』(文春文庫)である。関川氏の書物の表題は、それに掛けてある。司馬氏が晩年に書かれた未発表の手紙を関川氏がまとめ、同時に氏の司馬論としたものである。さすがに司馬氏のような文豪は、みごとな表現をする。私は氏の著作の表題をむしろ「この国はかたち」と読んだ。

議席にして二百数十とは、まさに「かたち」である。その形の確保に、この国の政治はすべてを賭ける。だからこそ、過去においては、自民党と社会党が一緒になったのであろう。また現在では、自民党と公明党が一緒になっている。

集団の離合集散は世の常、しかしそれにも限度があろう。そう私は思っていたが、じつは「なんでもあり」らしい。ただしそこを縛っているのは、二百数十という数である。それさえ確保できれば、主義も主張もない。まことに「この国はかたち」なのである。

野中広務《ひろむ》氏がいま勢いがいいのも、公明党とのつながりだという。とくに小選挙区では、公明党の力は無視できない。野中に睨《にら》まれたら当選できない。そういう噂があるくらいである。野中氏の岳父がかつての創価学会のボスの高弟だったと聞いた。こういうことは「かたち」ではない。内容である。この国では、だから内容が「かたち」に奉仕する。

天皇制こそがまさしく「この国のかたち」である。司馬氏の頭にはむろんそれがあった。だから司馬氏は天皇家を重んじた人である。『週刊文春』が皇后のことを悪く書いたときに、司馬氏が嘆いたという挿話を、関川氏は引用している。

正式な論文とはなにか

同じころに心理学者の岸田秀氏の本をいただいた。ボケたせいで、肝心の表題を忘れてしまった。しかしこれを読んでいて、思い出したことがある。岸田氏の勤めておられる大学に大学院ができたが、岸田氏がその教授資格を得られなかったという話である。風の便りで、聞いたことがある。

岸田氏自身が、今度の書物でそのいきさつに触れておられる。岸田氏には著書はたくさんあるが、正式の論文がないというのが、どうもその理由らしい。これもまさしく「かたち」であろう。岸田氏の「内容」は学者としてはたいへん立派だと思うが、だれだか知らないが、資格を審査した人たちは、岸田氏が「かたち」を欠いていると考えたらしい。形という意味では、「正式の論文」など、明治の大先生の髭みたいなものである。髭がないから、岸田氏は教授としてふさわしくないと思われたらしい。

ここ二十年ほど、私も正式な論文など書いたことはない。私は岸田氏より馬鹿だったから、若いときにはいやいや「正式の」論文を、あろうことか「英語で」書いた。おかげで私のほうは、いちおう教授資格が得られたらしい。「かたち」は大切である。そんなことは、私はよく知っている。なぜなら私の本来の専門は解剖学だったからである。解剖学とは、皆さんのお好きな英語にすると、アナトミーである。現代は英語をしゃべらざる者、学者にあらずだから、私だっていくらか英語を知っているという例に挙げておく。

ところが、このアナもトミーも、もともと「切る」「分ける」という意味のことばで、そこに学問という意味は含まれていない。解剖学の親戚である人類学はアントロポロジー、生理学はフィジオロジーである。オロジーがついているのが、立派な学問なのである。

だから解剖学にオロジーをつけると、形態学つまりモルフォロジーという名称の学問になる。こうなると意味がやや広くなって、分類学も含まれてしまう。だから私は解剖と虫をやっている。両者ともに、学としていうなら、形態学なのである。形態学ということばは、ゲーテがつくったといわれている。

ああ、説明が長かった。ともあれこうして、ひょっとすると私が「かたち」の専門家ではないかということが、おわかりいただけたのではないか。もちろん信用していただく必要はない。

しかしその「かたち」が、岸田氏のような場合にも使われる。いやみというべきか、いじめというべきか、そういうことにも使われる。それが「かたち」の誤用であることはいうまでもない。形態学者がいうのだから、間違いない。形はあくまで中立であって、中立を守るべきものである。

わが国の進化学説で、英語圏でとくに有名なのは、木村資生《もとお》氏による中立説である。これは遺伝子の配列をいわば形と見たものであって、そうした見方が中立説となるのは、むしろ当然なのである。形はその本来として、機能的選択に対して中立だからである。それが日本から発する思考であったことも興味深い。これもまた「この国はかたち」の一例というべきであろう。英語圏の学者たちは、すべての性質に選択がかかって当然だと、それまでは考えていたのである。

だれが学問を評価するのか

岸田氏の場合には、若いときの言説が影響したのかもしれない。この国でまともに心理学をやっているのは、私だけだという意味のことを、かつて述べておられるからである。これも学者にはよくある言い分で、べつにだからといって、教授の資格がないというものではない。そういうことをいえば、この国では嫌われることはわかりきっているが、好き嫌いと資格はそれこそべつである。

私は岸田氏となんの利害関係もない。ずいぶん以前にラジオで対談したことがあるが、そういう関係の方は、ほかに何人も存じあげている。さてそういうわけで、じつは私が知りたいのは、心理学会の意見である。どういうわけで、岸田氏は大学院の教授資格がないと見なされたのか。それは岸田氏だけではない。他の多くの人に関係する問題である。公に回答があってよい問題であろう。

さらに、いまさら岸田氏が大学院の教授になりたいと思っておられるわけでもないと思う。そんなこと、どうだっていいはずである。私もどうだっていい。しかし「この国はかたち」である。そこで変なことをされては、後世に悪影響があろう。

この国の学問に対する評価に、あまりにも見識がないことの一例が、この岸田氏の場合であろう。理科系では英語で書いた論文がなければ、もはや人と認められない。髭《ひげ》が生えてなければ、人ではないというのである。だから若者が無理してカイゼル髭を生やす。私は自分が書いた英語がいかに上手かを知っている。しかし書かない。もし書いたものを誤解されたときに、日本語なら誤解だと主張できる。英語ではできない。いくら英語が上手でも、私が生粋《きっすい》の日本人では、相手の誤解の余地までは、とうてい秤量《しょうりょう》できないのである。

シェイクスピアをよく知っていて、聖書をきちんと読んだことがある。それくらいは英語を学ぶなら、当然であろう。いまは英語がしゃべれればいいという時代だが、では聞くが、いったい英語でしゃべるべき内容があるのか。英語が話せても、いうだけの価値がある内容を持たなければ、べつに英語で語る意味はない。

本当に相手が聞くべきことをいっているときに、それを聞くことができるか否か、それは語学ではない。理解力である。外国人の理解力が欠けていること自体を、日本人の私が補ってあげることはできない。英語を話す人たちが、人類のなかでとくに理解力がすぐれているということでもなかろう。

学問の評価は自分ですべきである。外国の雑誌に投稿して掲載されたら、どの雑誌なら何点という評価を、いまでは大学の人事委員会がまじめにやっている。その癖がつくと、自分で評価する癖がなくなる。評価を間違えても、自分のところには返ってこないからである。いい雑誌に論文が出ているのだから、いい論文にちがいない。それじゃあ、ほとんど馬鹿みたいなものである。

岸田氏の例はしたがって重要である。岸田氏は一般向けの日本語の書物しか書いてないし、その内容はだれにでもわかるからである。それならなぜ岸田氏の評価が低いのか。それを心理学関係の人はわれわれに説明すべきであろう。その説明が正しいか、誤っているか、歴史が判断するはずである。

もし世間の標準以上のすぐれた学者がいたとすれば、統計的には、その人の評価は、それより劣った人たちがするはずである。アインシュタインの初期の論文が学会誌から却下されたというのは、よくいわれる話である。西洋が学問の先進国だと思われていた時代は、あちらに評価も預ければ済んだ。いまはそうはいかない。自分たちで、仲間の評価をきちんとしなければならない。それならだれにでも理解できる岸田氏の仕事の評価は、たいへん重要であろう。

最初に述べたように、老年になると、こういうことは、具体的にはどうでもよくなる。人生は短い。馬鹿の相手をしている暇はない。岸田氏がそう思っておられるなら、こんなことを論じるのは余計なお世話なのだが。

住民投票と忠臣蔵

吉野川可動堰問題

いきなりなにをいい出すと思われるかもしれないが、たとえば吉野川の可《か》動堰《どうぜき》をめぐる住民投票の結果は、現代の日本社会の雰囲気をよく示していたように思う。具体的に可動堰がどうだということではない。そこに現代社会のさまざまな側面が出ていたように思うのである。

第一に、行政の立場からいうなら、環境問題のために環境庁が置かれている。しかし吉野川の問題について、環境庁がなにかできるかというと、たぶん建設省からそれは話が違うといわれるはずである。単純に考えれば、そもそも可動堰を作るというのは行政の決定だから、行政内部でたがいに矛盾したことを決めるわけにいかない。この面は典型的なお役所の縦割り問題である。

第二に、さまざまな社会問題が、いまでは手続き問題になる。行政とは、要するに手続きである。なにか公にやりたければ、定められた手続きを踏まなければならない。それなら行政が可動堰を作るという手続きを踏んできたときに、反対者はどうすればいいか。それが住民投票という、「まともではない」手続きで実現されたのである。住民投票が気に入らない人たちは、住民投票で行政の手続きがひっくり返るようでは、ファシズムではないかとすらいう。建設大臣は現にそういったのである。

ここにはべつな話が二つ、絡んでいることは明瞭であろう。一つは「正常な手続き」である「行政の決定」に異議を申し立てる正当な方法があるか、というまさに手続きの問題。もう一つはもちろん当該の問題の是非である。こう整理してみれば、これはいつ、どこの社会にもありうる、あまりにも当たり前の話にも見える。わが国の伝統でいうなら「忠臣蔵」がまさしくその問題だった。

私はただいま現在の日本社会と忠臣蔵の時代の日本社会は、基本的に同じだという意見である。社会ということばを使うからそれがわからなくなるのだが、「世間」といえばわかるであろう。社会とは、明治維新のころに翻訳語として導入された用語である。逆にひっくり返せば会社になる。いずれも伝統的なことばではない。

それに対して世間ということばは『万葉集』の時代からある。世間とは社会を内側から見た表現であり、社会は外から見た表現である。「社会」という概念について、日本にはそれを内側から見た用語しかなかった。島国であることを思えば、それで当然であろう。異質の社会にぶつかる機会が少ないからである。

世間はそう簡単に変わらない。吉野川に当てはめれば、住民投票はほとんど赤穂浪士の討ち入りで、討ち入りは成功したから、あとは幕府による処分待ちというところにちがいない。忠臣蔵の場合にはこの処分がいろいろともめたらしい。荻生徂徠《おぎゅうそらい》の提言が通ったという話である。世間の評判はよくとも、お上の定めに刃向かうのは秩序を乱すことだから、そのツケはどこかで払わなければならない。それが世間の定めである。

忠臣蔵の時代には、社会システムは単純だったから、基本的なことを除けば、手続きにはかなり自由が利いたはずである。だから逆に、こうした突発的な事件が起こると、政治的判断が重要だった。それはその場の利害が重要だったということではない。将来にわたって、そうした判断という前例がどう影響するか、それをよく考慮する必要があった。だからこそ徂徠にも意見を訊いたのであろう。学者に意見を訊く理由は、原則を明らかにするためである。その原則が大義名分である。

江戸という時代の人々が、いかにそうした政治的判断に優れていたか、それは社会の安定を思えばわかるであろう。反対者を強権で抑圧したから、社会が安定していたように見えるだけだ。それが私の若いころに習ったマルクシズム型の歴史学の説くところである。それならそんな強権が、明治維新でアッという間に崩壊する理由がわからない。旗本八万騎というが、上野に立て篭もった彰義《しょうぎ》隊は三千人である。

当時の社会が安定していたのは、当時の閉鎖社会において、個々人の自主規制と、それに伴なう他人への配慮が、きわめて行き届いていたからにちがいない。解剖の歴史のように、具体的な問題を調べていくと、その思いが強い。解剖のように乱暴なことを、当時の人は堂々とやっている一方で、それに対する反対論もそれなりに理を尽くしている。臓器移植の議論のときにも、江戸時代と似たような論議が生じたので、世間は変わらないとつくづく思った。

手続きとイデオロギー

当時の大義名分を定めていたのは、儒教である。いわゆる儒教圏と呼ばれる諸国は、ご本家の中国のほかに日本、朝鮮、ヴェトナムだが、これらの国は都市化するときに儒教というイデオロギーを採った。それが儒教圏である理由なのである。それに対してタイやブータンは仏教を採っている。世界的に見れば、中近東由来の一神教、つまりユダヤ教、キリスト教、イスラム教が典型的な都市イデオロギーである。こちらのほうが、現代世界では大きな顔をしている。このあたりは面白いところだが、話がずれる。

いいたいことは、都市はともあれイデオロギーを必要とするということなのである。吉野川の可動堰問題がすっきりしないのは、大義名分の問題である。乱暴にいってしまえば土建か環境かだが、それを捌《さば》くための基本となる共通の思想体系がない。だから賛成であれ反対であれ、どちらも問題を手続き的に解消しようとする。

手続き的に問題を解消する以外に、やりようがないじゃないか。その手続きが壊れたら、どうすりゃいいのさ。手続きを壊してしまったら世の中どうなるかわからない。それはごく一般の感情であろう。しかしそこを上手に按配するのが、まさしく政治という仕事なのである。政治家は官僚ではない。ルールが壊れたときこそ、答えが出せなくてはいけない。ルールどおりにやれというなら、官僚だけで十分である。

儒教という都市イデオロギーは、都市イデオロギーである以上、もともと手続き主義を含んでいる。都市はすべて脳の産物だから、そこに自然法則に代わる法則を置かなくてはならないのである。それが手続きになる。その傾向を批判したのが老荘思想である。だから「大道廃《たいどうすた》れて仁義あり」となる。もっともいまの若者には、こんなことばは通じないはずである。わかるのは、せいぜい仁義だけであろう。官庁の綱紀粛正などは、典型的な仁義の例である。

いわゆる生命「倫理」問題ですでに述べたことだが、倫理もいまではすべて手続きに解消される。しかし倫理はその時々に固有の判断だから、手続きにもっともなじまない。一回限りのできごとに対する判断に、普遍性を求める。それが倫理ではないか。だから倫理学は文学部にある。文学が個を描きながら、人間の普遍性を追うものであることは、だれでも知っているはずである。一回限りの具体性と、にもかかわらずそこに顕現する普遍性、現実世界にそれを追うのが政治である。それは利権とは本来なんの関係もない。可動堰の問題で、そんなおおげさなことを考える人はいないだろうが、人の思想はむしろ些細《ささい》なことに表れる。

いまの世間でイデオロギー風のものといえば、平和と民主主義である。これはなんとも歴史性を欠いている。ものの見方が時間的に縦ではない。もっぱら横並びである。平和はとりあえずただいま平和というだけで、争いがなければもともと平和の意味はない。民主とは、横並び一列の平等だということはだれでも知っていて、だから若者はシラケている。

イデオロギーがないからだというと、そんなものは過去の遺物だと多くの人がいう。それはマルクシズムや、その祖先である一神教の原理主義に懲りているからである。戦後の日本思想と似たようなものであろう。羹《あつもの》に懲りて膾《なます》を吹いている。

いまの若者にとって環境問題は常識である。自由題でレポートを書かせると、理科系の学生はしばしば環境問題について書いてくる。どうせ就職すれば、仕事だと称して環境問題など聞こえないふりをする可能性は高い。就職までの思想という意味では、われわれの時代の左翼思想と似たようなものである。

環境問題の教訓

アメリカでのエコロジー運動は、ほとんど風俗といってもいい。最近の書物では、川端裕人氏の『緑のマンハッタン』（文藝春秋）が、そうした風俗を上手に紹介している。さすがにアメリカだから近代的だという論調は少なくなった。しかし草の根といわれる運動でも、アメリカ由来は多い。ローカル・マネーはその一例である。

イデオロギーの便利さは、抽象性の高さにある。具体的なものに絶対的価値観がつくことの危険性は、戦前の天皇制を知っている年代には明白であろう。だから一神教は偶像崇拝を否定する。そこをよく注意しないと、イデオロギーは危険物になる。

環境問題がイデオロギー化する危険性は、まさに物神化にある。環境自体はつねに具体的なものだからである。いかに保護を唱えても、自然自体が自然を破壊することすらありうる。太平洋に径四キロの隕石が落下すれば、津波の高さは一万メートルに達するという。そうした大災害では生物種の九割以上が死滅する。過去において、そうした大異変が数回生じたと想定されている。それよりやや小さい規模のものは、二千五百万年に一度くらいだという説もある。

こういうことをいうと、すぐにニヒリストだといわれる。そうではない。自然を人間社会の感覚で捉えてはいけないというのが、環境問題の教訓である。それは賛成・反対、開発・保護の両派がしばしば考え落とす視点である。

自然への視点が乱暴なのは、都市住民の本質である。子どものころから自然に触れたことがないのだから、それで当然であろう。生きるために自然条件が絶対であるなら、教えなくとも「自然に」覚える。われわれの作ってしまった社会の問題は、自然を知らない若者たちが自然保護をお題目にすることである。ニューヨークのエコ風俗を読みながら、そう考えた。

第10章

「言葉」について考える

饒舌はものごとの本質を隠す

「綸言」だって失言だろう

うっかり他人のことはいえないが、このところ失言問題が多い。石原都知事の「三国人」発言に続いて、森首相の「神の国日本」である。「第三国人」ということばは、ほぼ死語であろう。いまどきの若い者に、こんなことばが通じるわけがない。団塊の世代以降には、まったく実感はないはずである。だからこれは年寄りどうしの問題に過ぎない。このことばが通じる人たちのあいだで、話がもめただけである。つまりは典型的な「老人問題」であろう。

石原都知事の場合、形式は世にいう「失言問題」だが、周囲がそう仕立てただけのことで、おそらく確信犯であろう。文句があるなら受けて立つといったらしいから、むしろ挑発である。

「神の国日本」のほうは、深刻な話題というより、たんなる失言に過ぎない。さして重きを置いていなかったと思われる表現に、これだけギャアギャア噛みつかれるとは、夢にも思わなかったにちがいない。裏にあるのは「神国日本」の思い出であろう。このことば自体、いまでは特定の人たちのあいだでしか通用しないと思う。しかも森氏が戦前戦中の「神国日本」の意味で使ったわけでないことは、明らかだと思われる。神道の人たちの集会で語ったというのだから、八百万《やおよろず》の神々の国という意味を持たせたつもりだったらしい。ただのリップ・サービスではないか。

新聞は「綸言《りんげん》汗のごとし」というくらいだから、ことばに気をつけろと森氏に説教していた。「綸言」を辞書で引けば、天子のことばと書いてある。森首相（だったと思うが）はついに新聞で天子様にされてしまった。新聞のこうした失言自体が、いわゆる「失言問題」がいかにくだらぬものか、それを如実に示している。「ことあれかし」というだけで、だれもまじめに考えてなどいない。それがよくわかる。

小渕氏も森氏も私と同年である。私の世代は、じつはそういうことばにあまりこだわらない。石原都知事は私よりやや年上である。ということは、石原氏の場合には、学校教育のなかに、それでも戦前がかなり入っているということである。「三国人」という呼称が生じた時代の雰囲気も、具体的によく知っているはずである。そこであの発言がある。その雰囲気がわからないで、どうして文句がいえるのか、そのほうがわからない。そういう雰囲気のわかる年寄りだけに、喧嘩をさせておけばいいではないか。

私はそれをよく知らない。なにしろ終戦のときには小学校二年生である。三国人ということばは、大人が使う、意味があまりよくわからない表現の一つだった。『三国志』とどういう関係があるのだ。考えたのは、せいぜいそんなところである。いまだに第三国とはどこのことか、はっきりとはわからない。「神国日本」はよく耳にしたことばだという気はする。多くは戦争末期の旗色の悪いころである。神風に因《ちな》んで、戦争末期にやや頻繁に使われた表現であろう。「困ったときの神頼み」が少し深刻になった。そんな印象でしかない。近代戦をやっていたつもりが、神国日本といい出すようになっては、もう万事お終い。そんなていどの印象である。問題にする気もない。それが現に問題になるということは、時代が変わった。つまり私が時代に遅れた。一緒にしては悪いが、森氏も同じであろう。

先ほどから森氏と書いているのは、首相という「公人」を論じている気など、まったくないからである。手続き上は正当に決まった首相かもしれないが、談合で決まった首相をはたして首相と呼ぶかどうか、ことば遣いを問題にするなら、そのほうがもっと問題かもしれないではないか。商売では談合はいけないらしいが、政治は商売ではなかったのか。新聞によれば、年中「利益誘導」をしているではないか。

年をとれば脳もおかしくなる

じつは、ことばの問題を論じようと思っていた。ところが時事の話題のおかげで、話がずれてしまった。

義務教育における子どもの評価を考える文部省の委員会に、このところ出席している。私は教育の専門家ではないし、場所ふさぎに出ているだけだが、ことば遣いがずいぶん違うなと思ったことがある。たとえば「客観的」ということばである。

これでも私は理科系だから、客観的とは中立的なデータがあるときにいう。理科系で中立的なデータといえば、物質的な基盤を持っている。教育の物質的基盤とはなにかというなら、むろん子どもの脳味噌である。それ以外にあるわけがない。

じつは脳の働きを論じているにもかかわらず、多くの人がそういいたくないらしい。だから「客観」ということばも、違う風に使われる。わが国の代表的メディアであるＮＨＫのモットーにもそれがある。いわく公平・客観・中立。

十七歳が話題になっているが、これもしばしば脳の話であることは、あまりにも明瞭である。それなのにメディアには、脳ということばは事件に関連してほぼ一言も出ない。なぜ脳がタブーなのか、その理由はわかっているが、タブーをそのままにしておくなら、問題の解決をあきらめるしかない。だから私はしつこくいう。政治家のアホみたいな失言を話題にする暇があるなら、もう少し勉強して、メディア関係者は脳ということばを使えるようにすべきであろう。

そのうえ春は木の芽時である。木の芽が豊かに生じる時期になにが起こるか、そんなことは昔の人だって経験的に知っていた。だから木の芽時という表現がある。それを社会のせいにしてもはじまらない。木の芽を生じさせるのは、社会ではない。自然である。

自然をタブーにするのは、都会人の常である。だから都会では裸が許されない。しかし私の裸体がどのような形状を示していようと、それは私の責任ではない。身体の特定の部位に、生やしたいと思って、私が自分の意志で毛を生やしているわけではない。それを公衆の前に露出すると、私は逮捕されるか、入院させられる。しかし私の身体の形状について、自分で決めていない以上、私は責任をとることができない。それなら本当は私が罪に問われる理由はない。

もちろん身体の管理責任は私にある。都市社会はそういいたいのである。身体衣服はその管理責任の表現である。だから着衣でないと処罰される。身体自自体が問題なのではない。身体の形状がたとえ宇宙人であっても、きちんと衣服をかぶせてあれば、差し支えないというのである。

そこで唯一問題が生じるのは、脳である。その脳に問題があるときは、どうしたらいいのか。着衣という規則自体は脳の作り出したものである。じつはすべての規則は、脳が作った規則である。その脳が変わってしまったら、規則が変わってしまう。だから脳が変わった人は、規則を勝手に変えてしまうのである。そういうやつは変だと社会はいう。なにが変かというなら脳機能に決まっている。しかしそれをいえば、客観と認められるどころか、うっかりすると袋叩きである。

肝臓が悪いとか、胃が悪いとか、中年はしばしば自慢をする。そのなかになぜか、脳が悪いというのは入ってこない。しかしもうそれをいってもいい時代であろう。先月私は記憶喪失になった。もちろん脳がおかしくなったのである。六十を過ぎれば、いつ脳がおかしくなってもべつに不思議ではない。身体の他の部分と同じことである。現に小渕氏はそれで亡くなられた。

失言問題と脳の関係は、ともに表現の問題だということにある。頭の具合が悪いのと、肝臓が悪いのとでは、社会的に違った意味を持つらしい。頭の具合が悪いと、うっかり表現できないからである。理科的にいうなら、肝臓が悪かろうと脳が悪かろうと、身体の一部の具合が悪いことに変わりはない。それなら必要なのは医療であり、それだけのことでしかない。

失言問題などどうでもいいことではないか

いつになったら、社会の問題はじつは脳の問題だと、多くの人が認めるようになるのであろうか。この先私は、そう長く生きるわけではない。脳がふつうの表現になる時代までは、たぶん生きながらえないであろう。自分の持っている、きわめて重要な器官であるにもかかわらず、人々はそれに公平な注意を向けようとしない。

教育における客観とは、脳機能のことである。それだけのことではないか。しかし、会議でそれ以外のことを、ほとんどの時間論じているということは、脳に触れたくないのに決まっている。だからメディアにせよ、会議にせよ、私はしばしば「本質を隠すために存在している」と見なす。少なくともその問題について本質以外のなにかを論じていれば、責を果たしたように思うことができる。そういうことなのであろう。

失言問題という、まさにどうでもいいことが大きく話題にされるということは、重要なことで紙面を埋めたくないからである。私の誕生日になると、よく学生が私が生まれた日の新聞のコピーを贈ってくれる。昭和十二年十一月十一日である。その紙面は、ほぼ完全に「支那事変」の記事で埋まっている。その日はほかに事件はなかったのか。そうではないであろう。しかし他の「事件」は、重要ではない、あるいは論じるべきではないと見なされたのである。それが世にいう軍国主義の実質的意味である。そんな主義が積極的にいわれたわけではない。それ以外のものが欠けていただけである。いまなら教育という話題に脳が欠けているのである。

そろそろ「ものごとを隠す」ために紙面を使う、あるいは時間と労力を使うのをやめたらどうか。医学の話題では脳死が典型的だった。肝心のことを隠そうとすると、人はしばしば饒舌《じょうぜつ》になる。それは警察官がよく知っていることであろう。

そうした役割の一つを担っているのが、メディアでは失言問題である。現代人の饒舌はわかっているから、それを咎《とが》める気持ちは暗黙のうちに蔓延している。失言はまさに生け贄《いにえ》の羊なのである。それで紙面を埋めることによって、実質的に影響の大きな話題で紙面や時間を使うことをしないで済む。そうした状況を歴史的に振り返ったときに、たとえば軍国主義のせいだと一言で片づける。自分の職務怠慢を免れると思うからであろう。

戦時中には肝心なことをいわず、戦闘の詳細を述べてごまかした。その詳細もほとんど嘘に近かった。嘘でなければ、希望的観測に過ぎなかった。その傾向が訂正されたかというなら、相変わらずであろう。それならそろそろ、それをわれわれの性質と見なすほうがいい。それならそれ自体をチェックするしかあるまい。

書かれていないことはなにか、論じられていないことはなにか。われわれはそこに注目するしかない。その意味でことばは必ずしも内容ではない。形式なのである。

方法としての言葉

英語で書いてまで科学者になりたくない

学問には、対象と方法とがある。私は方法にこだわって生きてきた。ところがこの世間では、対象で学問を分類する傾向がある。だからそこがよく理解してもらえなかったのだと、この歳になって気づいた。

政治学、経済学、法学。これらはすべて、対象に関わる分類である。ところが解剖学というのは、対象ではない。人体を解剖しようが、ラクダを解剖しようが、解剖である。経済だって、解剖できないわけではない。本の題名に『日本経済の解剖』と書いても、だれもなんとも思わないであろう。

おかげで人生がいささか狂った。自然科学をやっていたのに、あるとき「英語で論文を書く」作業をやめてしまったからである。そのために「科学者としての将来」を自分で消すことになった。そういう過去がある。なぜ、そんなことになったか。日常は日本語で生きているのに、自分がいちばん重要だと思う仕事を、本当に英語で表現できるのか。していいのか。そこである。

もちろんそこには、日常が重要か、非日常が重要か、という問題がまずある。それは日常だ。それが私の答えだったが、これについてはここでは論じない。説明が長くなりすぎるからである。関心のある人は、別の著書をお読みください（『養老孟司の人生論』ＰＨＰ研究所）。ともあれ、日常がより重要なら、「方法は日本語だ」という答えが出る。解剖学であれば、対象より方法を重視することになる。それはもう述べた。この二つを結びつけると、日本語しかないという結論になる。

多くの人は、ここで手段と目的が転倒しているのではないかと疑うであろう。それは目的が手段つまり方法に優先すると決めているからである。そんな保証はない。「あんなことまでして、金持ちにはなりたくない」。ほら、手段が優先じゃないですか。「英語で書くなんてことまでして、科学者にはなりたくない」と私は思っただけのことである。

科学は普遍的なものだが、日本語は普遍的ではない。普遍に身を捧げることこそが、科学者の使命だ。まあ、そんなことをいう科学者は少ないであろうが、追い詰めれば、そういうかもしれない。それなら日本語で書く必然性はない、と。

普遍という目で見るなら、日本語も英語も同等である。どちらかを優先するという答えは、ことの本質からは導けないはずである。英語を使うについては、「現状を見て」という判断以外にありえない。だから「なぜ、英語で書かなきゃならん」と訊くと、どこの国の人でも、「そうしないと、学界で認められない」と答えるのである。それなら要するに国際政治であろう。そんなもの、私は普遍とは認めない。

議論を普遍から始めようというのであれば、「方法としての言葉とはなにか」から始めるのが公平であろう。その言葉は脳の機能だから、それなら「脳とはなにか」から始めることになる。だから私はそこから始めたのだが、それを日本語で始めるか、英語で始めるかということに話は戻る。そこで議論を繰り返して、日本語になったのである。

「主観的」な日本語、「客観的」な英語

英語と日本語とでは、モノを見る目自体が、具体的に違ってしまう。英語ばやりの世の中で、それに気づく人がどれだけいるか、私は知らない。それは解剖の所見を日本語で書き、同時に英語で書いてみればわかる。日本語の記載で十分だと思っても、それを英語に「翻訳」しようと思うなら、もう一度、現場に戻る必要があると気づくからである。

川端康成の『雪国』の英訳(*)は有名である。「トンネルを抜けると雪国であった」。この単純な文章が、そのままでは「英語にならない」。こうした文章であれば、現場をわざわざ訪問する必要はない。それでもこの文章を英語に訳

そうとすると、日本語の場合には言及されていない、具体的な詳細がどうしても含まれてしまう。そうしなければ、英語の文章にはならないからである。つまり「日本語そのまま」では、英語の文章としては「不完全」になってしまう。

文学であれば、字面では略されている詳細をイメージすることが可能である。文学とはそういうものだからである。つまり作品全体のイメージに矛盾しない詳細を、英訳者が付け加えればいい。それはいわば翻訳者の権利である。

ところが自然科学では、そうはいかない。トガリネズミのヒゲの細かい構造を、日本語で記載してみる。次にそれを英語にしようと思ったとき、あらためて詳細を「見なければならない」ことに気づく。なぜなら、そういう構造は「イメージ」するわけにいかないからである。そんなものが、頭に「ひとりでに浮かんでくる」わけはない。そうかといって英語にするなら、その部分の観察を省略するわけにいかない。そこを書き込まないと、文章が成り立たなくなるからである。

わかりやすい例でいうなら、英語では主語を入れなければ、文章にならない。つまり文章の形式が主語を「要求する」。日本語なら、そんなものはいらない。同様にして、細かい事実の記載でも、英語はある種の具体的記述を「文章の形式として要求する」のだが、日本語はそんなものを要求しない。

それなら日本語は不完全な言葉か。もちろん、そんなことがあるはずがない。逆に英語が要求せず、日本語が「要求する」のは、当人の気持ちである。「自分はその結果に対してなにを感じているのか」、つまり心の表現を要求する。それが文章に表れない日本語文は、まさに「心がこもっていない」。だから無味乾燥であり、読者をひきつけない。それを人によっては「日本語は主観的だ」と表現する。同時にその意味で「英語は客観的だ」ということになる。

そうした日本語の特徴は、機械器具のマニュアルにもよく出ている。コンピュータのマニュアルを考えてみればいい。そういうものについては、「読んでもわからないじゃないか、なんだ、あの日本語は」という声が高い。「書くやつが技術系だから、ああいう文章になるんだ」。しばしばそういわれる。

しかし機械を扱うためのマニュアルでは、日本語の「長所」である「心の表現」は、じつは意味を持たない。なにしろ相手は機械なんですからね。日本語のマニュアルの欠点は、書き手の怠慢だけではなく、日本語の性質にもよるのである。それを日本語の「癖」といってもいい。日本語を書きなれた人でも、マニュアル文は「なんだか書きにくい」のである。

会社が「お客さまのために、いかにサービスに努めているか」、そういう趣旨を述べる目的であれば、日本語はじつに有効である。でも機械がどう動くか、機械をどう動かすかになると、当たり前だが、無味乾燥になる。英語にしたってそれは同じだが、もともとがいわば無味乾燥に近いのだから、マニュアルだからといって、あらためて問題が生じるわけではない。

（＊）「国境の長いトンネルを抜けると雪国であった。」
The train came out of the long tunnel into the snow country.

社会という環境を含めた言葉のあり方

結局この問題、科学における手段としての言語の問題を、私は解決できなかった。そう思う。ともあれ英語論文を書くのはやめて、その後はもっぱら日本語を書き続けた。おかげさまで、本は「むやみに」売れるまでになったが、内容はいわゆる科学からズレてしまった感がある。それでもそれが「日本語で書かれた科学だ」と頑張りたい気持ちはある。とはいえ「あとに続く者」がいなければ、それは「たった一人の反乱」に終わってしまう。ノーベル賞がなんとなく与えるような、「科学とは個人的業績だ」という常識とは異なって、現代科学は社会的な営為だからである。

いまここに書いているような種類の文章、評論でも哲学でもいいのだが、それはとりあえず個人でも産生できる。文学も、芸術もそうである。科学はそうはいかない。科学は十九世紀以来、フランケンシュタインのような孤独な科学者が、地下室で行う営為ではもはやない。それがどれだけ社会的なものであるかは、自宅で科学をやろうとしてみれば、すぐにわかる。フランケンシュタイン博士のように、自宅に死体を持ち込んだら、ただちに家族に追い出される。

そうした社会的な営為は、いわば生きものに似た性質を持っている。生物は自己増殖をする。学問もまた然り。そのなかでは、いまのところ科学がもっとも自己増殖力が強い。文学も芸術も自己増殖するが、その増殖力は科学ほどには強くないように見える。それが現代社会の状況なのである。まして哲学などは、増殖力をほとんど失い、学界のレッド・データ・ベースに載せられている。インド哲学なら、もはやトキであろう。

生物の増殖は、もちろん環境依存である。現代社会という環境は、自然科学の増殖には適しているが、「日本語で書かれた科学」の増殖には不適であるらしい。私はヘソをまげて日本語を書いたから、その「事実」を身をもって知ることになった。ふつうはそれが「はじめからわかっている」から、そんなことはしない。するほうがバカなのだが、それは「バカの壁」だから、やむをえないのである。

その原因は、はたして「日本語自体」であろうか。おそらく違う。社会という環境を含めた、言葉のあり方なのである。私が若ければ、その問題をさらに追究するかもしれないが、還暦を越えたいまとなっては、「日暮れて道遠し」である。

「考えることは生きよう」とすること

言語が思想を左右する

日本語でものを書いてきた過程で、仕事の「向き」がいわば勝手に決まっていく。そういう体験を私はしてきた。先にある種の記載を「英語の形式が要求する」ことを述べた。それと似たようなことである。似てはいるが、レベルが違う。日本語で思考することは、思考の「なにか」が、ひとりでに決まってくるということなのである。それは「日本語に内在する」「思考の発展方向」だといってもいい。

いま「　」を使ったが、日本語は修飾語が前に来るという、厳しい規則を持っている。それにしても、抽象概念をいくつか並べるときには、たがいの修飾、被修飾関係がわかりにくくなるという難点がある。内在する思考なのか、内在する発展なのか、内在する方向なのか。だから私は、前の「　」内が、後ろの「　」内を全体として修飾するという意味で、二つの括弧を使った。これは恣《し》意《い》的な用法だが、これでもおわかりいただけるであろう。しかしこのあたりになると、いったいなにが「正解」なのか、書いている本人にもわからなくなる。だからこういう表現を、私はできるだけ避ける。「思考のなにかが、ひとりでに決まってくる」、その「なにかとは」、と続けたほうが明らかにわかりいい。これは英語の関係節的な表現である。つまりここで日本語における関係節の欠如という問題が意識される。同時に、日本語で書くなら、悪くいえば、そこを「ごまかす」ことができる。そこでは日本語の表現はより「ゆるく」、つまり自由度が高い。

　言葉による抽象思考とは、いわばその自由度を最大限に利用することである。その意味では、日本語は抽象思考に意外に向いており、英語は向かない。英米系の哲学が、経験主義に傾いたり、プラグマティズムに傾いたりするのは、英語という言葉の癖によるのではないかと、私は疑っている。

日本語を使っているために、私の思考にどのような「向き」が生じたか。それは仏教思想への傾きである。生物が変化していくのを見ていると、たちまち諸行無常という言葉が浮かんでしまう。それが見当はずれかというなら、そうともいえまい。生きものは諸行無常の典型だからである。少なくとも、石ころよりは、諸行無常らしい存在であろう。

科学者なら、そんな古臭い見方をすべきではない。ふつうは、なんとなくそう思っている。そう思って、諸行無常を押し殺す。諸行無常を素直にいうのは、生物学者では池田清彦くらいのものか。

近代生物学では、ヒトはもちろん生きものである。そうなると、人生もまた諸行無常となるしかない。そう思ってみれば、それで当たり前であろう。ところが英語なら、どうなるか。生物が変化しても、諸行無常とはいわない。そもそもそんな連想が浮かぶはずがない。いったところで、たかだかパンタ・レイ、ヘラクレイトス学派の引用になる。

ではどういう連想が浮かぶか。キリスト教世界なのだから、むしろ霊魂の不滅が連想されるであろう。だから個人であり、個性である。それは本質的でかつ変わらない。なぜなら最後の審判まで、ともかく「個人のなにか」は永続しなければならないからである。その「なにか」を、キリスト教では「魂」と呼ぶのであろう。それなら現に生きているこの私のなかに、変化しないなにものか、つまり魂がなければならない。

近代科学者は魂なんて認めるはずはない。それは偏見である。エックルス卿の本を読んでみればいい。神は胎生期の適当な時期に、魂を植えつける。神経科学でノーベル賞を受けたこの碩学はそう書く。エックルスは歳をとってボケただけだ。そういう見方をする科学者もある。私はそうは思わない。歳をとって、はじめてこの主題を「まじめに」考えただけのことであろう。若いうちは、そんなことを考えなくても、考えることはいくらでもある。なにしろノーベル賞を貰わなけりゃならないんですからね。

むしろだからこそ、西欧科学は「遺伝子」なのであろう。遺伝子に関するもっとも初歩的な法則、すなわちメンデルの法則を発見したヨハン・グレゴール・メンデルは、チェコの修道院の院長だった。修道院の院長にもっともふさわしい思想は、変転する生きものの姿のなかに、にもかかわらず永続する、なにものかの存在を想定することである。それが遺伝子となった。

諸行無常はもちろん遺伝子を説かない。ましてドーキンスのように、われわれは個体は遺伝子の乗り物だという比喩など、語るはずがない。現に池田清彦はそうは語らない。

たしかに社会は思想を左右しているように見える。マルクスの言い分はそれであろう。しかし私は方法を重視する。思想を左右しているのは、じつは言葉という方法ではないのか。数学や論理は、そこから逃れようとして、新しい記号体系を構築した。それはそれでいい。おかげでコンピュータができる。しかしコンピュータは言葉が使えない。使っているのは二進法の論理である。論理のほうが、言葉より確実だ。それなら数学者は言葉を使わないか。もちろん使う。使わざるを得ないのである。人間は論理的存在ではないからである。とくに社会的存在としての私を、言葉から切り離すことは不可能である。

言語を方法として意識したことから、私の仕事上の人生は決まってしまった。これはどうにも仕様がない。方法はそれ自体で仕事の方向を決めてしまうからである。方向は決めるが、答えはもちろん決めない。方法に従って生きると、どこに連れて行かれるか、それがわからない。それが方法を選んだときの難点であると同時に、利点でもある。

私がこだわった方法論的人生

テレビの『徹子の部屋』という番組に出て、合間に黒柳徹子さんと話した。『世界ふしぎ発見!』という、一種のクイズ番組がある。黒柳さんはその常連だが、自分にとって、とくに答えにくいタイプの問題があるという。「野々村(真)君だってできるのに、イヤになっちゃうわ」という。ふつうのものが並列しているとき、その中から、正しい答えを選び出す。これが苦手だという。その代わり順を追って推論していく場合には、正解が出しやすい。

「それなら僕と同じですよ」。私はそう答えた。これが方法論的人生なのである。いくつもあるうちから、対象の性質を考えて、一つを選び出す。それができない。じゃあどうするかというなら、方法を決めるのである。推論に従うというのは、典型的な方法依存である。推論が答えに導くのであって、自分の価値観から重み付けをして、答えを選択するのではない。「考えたらそうなるんだから、仕方がないじゃないか」。それが私の答えなのである。

対象か方法か、目的か手段か、そんなことは古臭い問題だよ、あたりまえで答えが出た問題じゃないか。見ようによるけど、どちらも大切だよ。

そう考える人が多いと思う。そういう人を、私はノー天気と呼ぶ。だって、実際の人生は、私の場合のように、方法か対象かで、すっかり変わってしまうんですからね。結婚相手を決めるのに、「親および親戚知人一同にまかせる」。これが方法論的な人生である。高収入、高学歴、高身長。これは対象論的である。

自分で高収入、高学歴、高身長に決めた。それなら「自分で決める」という方法と、どういう対象を選ぶかとが、一致しているじゃないか。そうではない。これは単なる希望に過ぎない。じつは自分で方法を選んでいるわけではない。だって、親がそういう相手を探してくれれば、それでもいいわけだから。「自分で方法を決めた」ことになっていないのである。

なにをバカみたいな議論をして。そんなこと、実際の人生と関係ないよ。それで生きている人がほとんどだとすれば、べつに私は異を立てようとは思わない。私は自分の人生しか生きられないのだから、相変わらず方法にこだわって生きるであろう。

言葉という方法に人生を賭ける

英語を使えば、近代的自我は必然であり、それは霊魂の不滅と同じことになる。それはそうした概念が英語にあるからではない。英語というシステムが、それと矛盾しないように構築されているということなのである。

同様にして、諸行無常も無我も、日本語というシステムにすなおに組み込まれている。つまりそれは、見ようによっては、動かしがたいのである。

だから日本語で思考するかぎり、ひとりでに「唯脳論」になり、諸行無常になり、無我になる。当然反論が予想されるが、それに再反論する気もない。自分の言い分を科学的に証明しようなんて思ったところで、不可能なことはわかりきっているからである。言葉という方法に人生を賭けてみればわかる。そういうしかない。それならご託宣で、議論にならない。そういわれれば、そうだというしかない。ご託宣をたれる年齢に、私もなった。そうとでもいうしかない。自分にとっては、それが六十年の重みである。「いまさら、変えようがない」のである。

私と同じように考えたんじゃないかと思われる人が、少なくとも一人ある。それはデカルトである。なぜなら、『方法序説』を書いたからである。奇妙なことに、デカルトは脳についても考えた。べつに私はデカルトの真似をしたつもりもないし、デカルトに師事したわけでもない。でも、性の合う人というのは、どこかにいるものだと思う。

もう一人上げれば、それはモンテーニュである。よく引用するのだが、「どんなに高い玉座に座っているにしても、座っているのは自分の尻の上だ」とモンテーニュは書く。至言というべきであろう。「考えることで生きよう」とするなら、こういうしかないではないか。私は医学系だったから、ドイツ語を勉強させられ、フランス語は不十分だった。いま思えば、いささか残念な気がしないでもない。デカルトもモンテーニュも、フランス語で書いたからである。

カントはどうかというなら、いちばん短そうな『永遠平和のために』ですら、退屈で読みきれない思いをする。そういえば、『眠られぬ夜のために』を書いたヒルティはスイス人だが、ドイツ語で書いたと思う。これを読めば、たしかに眠くなる。

ドイツ語で性が合うのは、ショーペンハウエルであり、ケストナーである。医聖ヒポクラテスの言葉に、「芸術は長く、人生は短し」というのがある。これは誤訳で、「芸術」ではなく、「手の技」である。この場合、「手の技」とは医療のことである。手の技としての医療は習得に時間がかかるが、人生は短い。少年老い易く、学なりがたし。それを述べている。ショーペンハウエルはこれをもじって述べた。「髪長ければ、知恵短し」。男女共同参画社会で、いまどきこんなことをいう人はないであろう。

なぜこんなことを述べたかというなら、言葉である。同じ西欧の言葉でも、記憶に残るものと、残らないものとがある。それで当然であろう。私の場合には、ドイツ語の学習時間のほうがはるかに長かったが、記憶に残ったのは残念ながらフランス語の言葉である。それならフランス贔屓かというなら、そんなことはない。なにしろ話せないのだから、フランスを旅行する気すらない。でも言葉はやはりなにかを規定する。それがこういう記憶の選別にも現れるのであろう。

現代はどうか。言葉が軽くなった。いたるところに言葉がある。言葉を氾濫させることで、現代人はむしろ言葉から逃れようとしている。私にはそう見える。言葉になんか、うっかりこだわったら、ロクな目にあわない。私自身が事実そうであったように、人生が曲がってしまうかもしれないのである。それほど言葉は「重い」ものだが、現代社会ではだれもそう思わない。その代わりに、「言葉ではどうでもいえる」「言葉だけ」などというのである。冗談じゃない。言葉に賭けてみればわかる。

私は賭け事が嫌いで、宝クジすら買ったことがない。なぜなら賭け事には、対象の選択がみごとに示されるからである。宝クジを買う人は、クジの番号にこだわったり、売り場にこだわったりするらしい。ルーレットなら、赤だの黒だの、偶数か奇数か、どの数字かなどにこだわる。私はそれができない。筋書きがなく、選択だけがある世界、それに耐えられないのである。

だから賭けるときは、方法に賭ける。私の賭け事とは、方法に賭けることなのである。それだと人生を賭けてしまうから、賭け事はもう不用である。

だって、もう賭けは始まっているんですからね。

初出一覧

第1章

考えない人間が増えている　原題「『考えているかどうか』を考える」『商工ジャーナル』二〇〇一年八月、日本商工経済研究所

情報社会の「人間の幸福」『潮』二〇〇〇年二月号、潮出版社

第2章

日本の子どもたちの未来　原題「『子どもの問題』を考える」『Ｖｏｉｃｅ』二〇〇〇年八月号、ＰＨＰ研究所

「少子化」は問題なのか　原題「少子化を心配する理由はない」『Ｖｏｉｃｅ』二〇〇〇年一月号、ＰＨＰ研究所

女ばかりがなぜ強いのか　原題「女ばかりがどうして強いのか」『中央公論』二〇〇〇年十二月号、中央公論新社

第3章

そもそも歳をとるとはどういうことか『無限大』二〇〇一年春号、日本アイ・ビー・エム

昔の人はなぜ隠居したのか『中央公論』二〇〇〇年六月号、中央公論新社

第4章

田舎暮らしを望む人　原題「田舎暮らしブームの謎」『Ｖｏｉｃｅ』二〇〇〇年六月号、ＰＨＰ研究所

「都市主義」の限界『中央公論』一九九八年六月号、中央公論新社

第5章

日本人の「歴史の消し方」『Ｖｏｉｃｅ』一九九九年六月号、ＰＨＰ研究所

日本人の起源　原題「アフリカの国境線」『中央公論』二〇〇〇年十一月号、中央公論新社

第6章
現代社会の思想と医療／生老病死を抱えた身体『沖縄県医師会報』一九九七年九月号に加筆訂正
医療に甘やかされた日本人　原題「ミルク騒動に思うこと」『中央公論』二〇〇〇年十月号、中央公論新社

第7章
自殺を放置する「人命尊重大国」『中央公論』二〇〇〇年二月号、中央公論新社
マニュアル時代と倫理『中央公論』二〇〇〇年一月号、中央公論新社

第8章
オウム事件と日本思想史『中央公論』二〇〇〇年三月号、中央公論新社
都市型犯罪は予防できる『中央公論』二〇〇〇年四月号、中央公論新社

第9章
だから私は政治を好まない『中央公論』二〇〇〇年八月号、中央公論新社
この国はかたち『中央公論』二〇〇〇年九月号、中央公論新社
住民投票と忠臣蔵『中央公論』二〇〇〇年五月号、中央公論新社

第10章
饒舌はものごとの本質を隠す『中央公論』二〇〇〇年七月号、中央公論新社
方法としての言葉／「考えることは生きよう」とすること（文庫版への書き下ろし　二〇〇四年二月）

養老孟司　ようろう たけし

1937（昭和12）年、鎌倉市生れ。東京大学医学部卒。東京大学名誉教授。専攻は解剖学。1989（平成元）年『からだの見方』でサントリー学芸賞受賞。著書に『唯脳論』（青土社・ちくま学芸文庫）、『バカの壁』『遺言。』『ヒトの壁』（以上、新潮新書）など多数。

装丁題字	養老孟司
装丁デザイン	大前浩之（オオマエデザイン）
本文デザイン	尾本卓弥（リベラル社）
DTP	田端昌良（ゲラーデ舎）
校正	山下祥子
編集人	安永敏史（リベラル社）
編集	伊藤光恵（リベラル社）
営業	津村卓（リベラル社）
広報マネジメント	伊藤光恵（リベラル社）
制作・営業コーディネーター	仲野進（リベラル社）

編集部　中村彩・木田秀和

営業部　澤順二・津田滋春・廣田修・青木ちはる・竹本健志・持丸孝

※本書は2004年に中央公論新社より発刊した『あなたの脳にはクセがある—「都市主義」の限界』を改題し、再編集したものです。

考える。生きるために、考える。

2024年 9 月24日　初版発行
2025年 2 月14日　3版発行

著　者　養老孟司
発行者　隅田直樹
発行所　株式会社 リベラル社
〒460-0008　名古屋市中区栄3-7-9　新鏡栄ビル8F
TEL 052-261-9101　FAX 052-261-9134
http://liberalsya.com
発　売　株式会社 星雲社（共同出版社・流通責任出版社）
〒112-0005　東京都文京区水道1-3-30
TEL 03-3868-3275
印刷・製本所　株式会社 シナノパブリッシングプレス

ISBN978-4-434-34455-8　C0130

115002

弘兼流

70 歳からの楽しいヨレヨレ人生

著者：弘兼憲史　文庫判／192 ページ／¥720＋税

人は人、自分は自分。
幸せの尺度は自分で決めるもの

「島耕作」シリーズで 人気の漫画家・弘兼憲史による待望のエッセイ。楽しいことも辛いことも、嬉しいことも悲しいことも適度に混ざっているほうが、人生は面白い。70 歳を迎え、ヨレヨレになっても、現状を受け入れ、楽しく生きるコツを紹介する。